MICHAELA MARMULLA

Grill vegan!

Für Gina & Luca

meine Lieblings-Kritiker,

die meine Rezepte immer mit

großer Begeisterung testen

MICHAELA MARMULLA

Grill vegan!

75 REZEPTE FÜR DIE PERFEKTE BBQ-SAISON

Impressum

Michaela Marmulla
Grill vegan!
75 Rezepte für die perfekte BBQ-Saison
1. deutsche Ausgabe 2016
2. deutsche Ausgabe 2016
ISBN 978-3-944125-63-3
© 2015, Narayana Verlag GmbH

Satz und Layout: Nicole Laka, www.nima-typografik.de
Coverabbildungen © Narayana Verlag, Fotograf Jörg Wilhelm, Wilhelm Media

Herausgeber:
Unimedica im Narayana Verlag GmbH, Blumenplatz 2, 79400 Kandern
Tel.: +49 7626 974970-0
E-Mail: info@unimedica.de
www.unimedica.de

Abbildungsverzeichnis:
S. 8 oben links © g215 – shutterstock.com, S. 8 oben rechts © Guzel Studio – shutterstock.com, S. 8 Mitte links © Africa Studio – shutterstock.com, S. 8 Mitte rechts © MaraZe – shutterstock.com, S. 8 unten © ffolas – shutterstock.com, S. 9 oben links © Lydeke Bosch – shutterstock.com, S. 9 oben rechts © Coprid – shutterstock.com, S. 9 Mitte © MARGRIT HIRSCH – shutterstock.com, S. 9 unten links © Africa Studio – shutterstock.com, S. 9 unten rechts © boy-chat – shutterstock.com, S. 10 © marco mayer – shutterstock.com, S. 11 © Sergey Yechikov – shutterstock.com, S. 27 © Gregory Gerber – shutterstock.com, S. 31 © Anna Kucherova – shutterstock.com, S. 89 © schankz – shutterstock.com, S. 121 © alejandro dans neergaard – shutterstock.com
Alle weiteren Abbildungen © Narayana Verlag, Fotograf Jörg Wilhelm, Wilhelm Media

Inhalt

Salate 41

Burger, Steaks & Spieße 65

Gemüse-Allerlei vom Grill 87

Brot & Co. 107

Süßer Abschluss 119

Getränke 126

Vorwort

In Zeiten, in denen Volkskrankheiten wie Diabetes, Herz-Kreislauf-Erkrankungen, Bluthochdruck und Arthrose sich immer weiter ausbreiten, denken viele Menschen langsam um und schauen, wie sie ihren Körper positiv mit der richtigen Ernährungsform unterstützen können. Selbst gesundheitsbewusste Menschen, die sich sportlich betätigen genehmigen sich als Belohnung häufig überzuckerte und industriell verarbeitete Lebensmittel, mit denen sie den positiven Effekt, den der Sport auf den Körper hat, gleich wieder zu Nichte machen.

Als Extrem-Radsportler habe ich schon vor einigen Jahren damit angefangen, die Ernährungsweise von Sportlern zu hinterfragen und mich damit beschäftigt, was der Körper vor, während und nach Ausdauer- und Belastungseinheiten wirklich benötigt, damit sich Regenerationszeiten verkürzen, unterwegs keine Leistungseinbrüche geschehen, keine Magenprobleme auftreten, der Fettstoffwechsel angekurbelt wird und man sich länger und besser konzentrieren kann. Die Lösung liegt so nahe: Die Pflanzenwelt stellt alles bereit, was unser Körper benötigt, um den Anstrengungen im Sport und Alltag etwas entgegensetzen zu können. Je höher die Nährstoffdichte, desto wirksamer ist der positive Effekt auf den Körper. Ich habe die pflanzliche Ernährung mit hohem Rohkostanteil und unverarbeiteten Lebensmitteln einige Jahre privat und im Sport ausprobiert und daraus mein eigenes Ernährungskonzept entwickelt. Das Konzept mit guten Zutaten dem Körper etwas Gutes zu tun und ihn dabei zu unterstützen, fit, wach und ausdauernd zu bleiben, geht komplett auf, das zeigen die Leistungssteigerungen, die ich selbst nach der Ernährungsumstellung erfahren habe und das auch von Skeptikern mittlerweile begeistert angewendet wird. Es bedarf nicht vieler Zutaten. Wichtig ist nur, dass man das Richtige greift.

Natürlich ist der Körper nicht nur im Sport extremen Anstrengungen ausgesetzt. Eine immer schneller werdende Welt, steigende Umwelteinflüsse und eine zunehmende Leistungsorientiertheit führen dazu, dass wir unsere Körper tag täglich an den Rand seiner Belastbarkeit führen. Nicht selten sind Burnout oder Depressionen die Folge.

Was mich an dem vorliegenden Buch begeistert ist, dass die Autorin mit wenigen Zutaten eine riesige Vielfalt an leckeren, gut vorzubereitenden Gerichten aufzeigt. Diese Gerichte sind für einen bestimmten Anlass gedacht nämlich für die wertvolle Zeit, die wir mit Freunden und Familie gerne bei einem Gartenfest oder einem Grillabend verbringen. Eine Win-Win Situation. Mit Körper und Seele wird auf diese Weise achtsam und bewusst umgegangen. Auch ich als Sportler genieße es, wenn ich nach langen Radausfahrten mit Freunden abends in der Natur oder im Garten sitzen kann, die Geschichten des Tages austausche und dabei gutes, nahrhaftes und frisches Essen zu mir nehmen kann und den Körper bei seiner Erholung unterstütze. Gesunde Ernährung bedeutet nämlich nicht Verzicht sondern Bereicherung.

Natürlich haben die Wenigsten Zeit und häufig auch Lust abends noch lange in der Küche zu stehen und Gerichte für den Grillabend vorzubereiten, denn seien wir mal ehrlich: Verabredungen zum Grillen sind meistens recht spontan. Der Himmel ist blau und die Telefonlawine rollt, wo man sich wann spontan treffen kann, denn „es ist doch so schön draußen". Unter anderem für diese Momente braucht man einfache, schmackhafte, schnell zubereitete Leckereien und genau hierzu bietet das Buch eine riesen Auswahl. Hinzu kommt, dass die Rezepte viele nährstoffreiche Komponenten haben, die dem Körper ganz beiläufig auch wieder ordentlich power geben.

Gerade bestimmte Anlässe sind häufig der Grund, mal wieder ordentlich zu schlemmen und es sich gut gehen zu lassen. Hinterher stellt sich bei vielen Menschen dann das schlechte Gewissen ein, weil sie zu viel, zu fettig, zu ungesund und überzuckert gespeist haben. Doch es geht auch anders: Gesund, nährstoffreich, frisch und unverarbeitet. Dies hat Michaela Marmulla schon in ihrem ersten Buch „Brunch vegan" mit einer Vielzahl von unterschiedlichen Rezepten gezeigt.

Ich freue mich schon jetzt auf die Grillabende im Sommer mit den Rezepten von Michaela und bin gespannt, welchen Anlass sie als nächstes mit ihren Ideen bereichert.

Ben Urbanke, Extrem-Radsportler

Einleitung

Mit der Familie oder Freunden an lauen Abenden im Garten oder im Park sitzen und grillen – das gehört für mich einfach zum Sommer.

Als ich anfing, mich vegan zu ernähren, wurde ich zunächst mitleidig angesehen, wenn es hieß: »Heute wird gegrillt!« Das änderte sich schlagartig, als ich anfing, meinen Beitrag zum Grill-Büfett auszupacken. Da wurden die Augen meist groß.

Dass man als Veganer keineswegs einsame Gemüsescheiben auf den Grill legen muss, möchte ich in diesem Buch zeigen.

In diesem Buch dreht sich fast alles um Rezepte für die »klassische deutsche Grill-Party«, bei der über Holzkohle oder mit Gas gegrillt wird und Beilagen wie Salate, Brot und verschiedenste Dips serviert werden. Ich verzichte darauf, lediglich Rezepte vorzustellen, in denen mindestens ein Teil der Zutaten gegrillt wird. Denn solche Rezepte sind, meiner Meinung nach, gerade für größere Runden eher unpraktisch, und der Einsatz von amerikanischen Barbecue-Grills mit umfangreichem Zubehör ist bei uns noch nicht die Regel, auch wenn Kugelgrills & Co. immer mehr Anhänger finden. Nichtsdestotrotz habe ich auch für diese Art zu grillen ein paar leckere Ideen auf Lager.

Die hier vorgestellten Rezepte sind allesamt unkompliziert, lassen sich gut vorbereiten und sind frei von unnötigem Schnickschnack. Ich verwende in erster Linie Produkte, die man in gut sortierten Supermärkten oder Bio-Läden kaufen kann und nicht erst online bestellen muss.

Für alle Rezepte gilt mein Motto:

Einfach. Lecker. Vegan.

Tipps & Tricks

Grillmethoden

Grillen ist schon seit jeher ein Ritual und eine Wissenschaft für sich. Allein die zahlreichen Varianten, einen Grill perfekt anzuzünden, würden bereits ein halbes Buch füllen. Deshalb beschränke ich mich auf Kurzinformationen zu den verschiedenen Formen des Grillens.

HOLZKOHLE – DIE URFORM DES GRILLENS

Klassisch gegrillt wird bei uns in Deutschland auf einem Flachgrill mit Holzkohle. So habe ich es zumindest von klein auf kennengelernt.

Das Grillgut wird hier bei direkter Hitze über der Glut gegrillt, was sich gut für schnell garendes Gemüse oder auch Soja-Steaks eignet, da diese ruhig schnell ein bisschen Farbe annehmen und knusprig werden dürfen.

Nachteil ist, dass die Hitze an ungenutzten Stellen schnell entweicht. Zudem kann bei Wind die Asche aufwirbeln und am Grillgut kleben bleiben, was weder lecker noch gesund ist.

Beim indirektem Grillen verwendet man in der Regeln zwei Zonen, das heißt, es liegt nur auf einer Seite des Grills Kohle. Meist wird zunächst kurz über der Kohle vorgegrillt und dann auf der indirekten Seite bei geschlossenem Deckel fertig gegart. Durch den Deckel auf dem Grill verteilt sich die Hitze ähnlich wie in einem Backofen, sodass das Grillgut sanfter und langsamer gart als bei der direkten Methode.

Diese Art zu grillen entspricht dem traditionellen amerikanischen BBQ, wobei hier oft noch stilechter ein Smoker anstatt eines Kugelgrills verwendet wird.

GRILL ANZÜNDEN – ABER RICHTIG!

Bei beiden Varianten werden Holzkohle oder Briketts verwendet, die sich am einfachsten mithilfe eines Anzündkamins verteilen lassen. Wichtig ist es, einen guten Anzünder zu verwenden und nicht etwa einfach Spiritus oder Ähnliches über die Kohlen zu schütten.

Besonders empfehlenswert sind ökologische Grillanzünder aus Holzfasern, die sogenannten Holzwollmäuse oder Würfel aus Pressholz, da sie die gesündeste Variante darstellen. Gängige Paraffinanzünder lassen sich zwar leicht und schnell anzünden, stinken aber meist ganz fürchterlich, was sich auch auf den Geschmack des Grillguts auswirken kann. Gleiches gilt für Flüssiganzünder beispielsweise aus Petroleum oder Kerosin.

MIT GAS GRILLEN IST GAR NICHT SPIESSIG

Mit Gas zu grillen war früher bei uns total verpönt. Das taten in unseren Augen meist nur spießige Dauercamper auf dem Campingplatz. Heutzutage ist grillen mit Gas salonfähig geworden und die aktuellen Gasgrills haben so gar nichts mehr mit denen von damals gemein – außer natürlich, dass sie ebenfalls mit Gas betrieben werden. Moderne Gasgrills sind wahre Hightech-Geräte mit mehreren Brennern, sodass auch hier mit verschiedenen Wärmezonen gearbeitet werden und bei geschlossenem Deckel indirekt gegrillt werden kann. Vorteil ist sicherlich, dass man ohne Wartezeit direkt losgrillen kann und auch für die lieben Nachbarn, sofern vorhanden, keine Geruchsbelästigung durch verbrennende Kohle entsteht. Nachteil ist, dass man immer eine, besser auch noch eine zweite Gasflasche parat haben muss, um nicht plötzlich ohne dazustehen. Diese sind allerdings ziemlich unhandlich und so ein richtiger Gasgrill, der ordentlich etwas hermacht, ist eher für die große Terrasse als für den kleinen 2-Personen-Balkon geeignet. Aber natürlich gibt es, wie auch bei den BBQ-Grills, eine große Auswahl an Modellen für die verschiedenen Bedürfnisse und Geldbeutel.

Allerlei praktisches Grillzubehör

Natürlich kann man auch ganz simpel, ohne weiteren Schnickschnack, einfach nur auf einem Rost grillen. Trotzdem möchte ich hier ein paar wirklich nützliche Hilfsmittel vorstellen, mit denen das Grillen noch viel mehr Spaß macht.

ANZÜNDKAMIN
Mithilfe eines Anzündkamins werden Holzkohle oder Briketts einfach und unkompliziert zum Glühen gebracht und können dann gleichmäßig im Grill verteilt werden. Das Fassungsvermögen sollte mindestens 5 l betragen.

BESCHICHTETE GRILLSCHALE
Eine Grillschale ist sehr praktisch, damit beim direkten Grillen von Sojasteaks keine Marinade in die Glut tropft, aber auch für z. B. kleine Würstchen, die schnell durch den Rost fallen können. Grillschalen aus Alu sind allerdings weder gut für die Gesundheit noch für die Umwelt, daher sollte man sich lieber eine wiederverwendbare, beschichtete Grillschale zulegen.

GRILLPFANNE
Eine spezielle Grillpfanne mit langem Griff eignet sich gut zum Grillen von Gemüse oder Burgern, ist aber auch perfekt, um darin dünne Fladenbrote direkt auf dem Grill zu backen. Alternativ kann man auch eine gusseiserne Pfanne verwenden.

GEMÜSEKORB
Ein Gemüsekorb ist perfekt, um darin gemischte Gemüsegerichte zu grillen. Die Löcher sind so klein, dass die Gemüsestückchen nicht durchfallen, aber dennoch perfekt gegrillt werden können.

PIZZASTEIN
Mit einem Pizzastein aus Schamott oder Cordierit lässt sich nicht nur Pizza, sondern auch Focaccia und Fladenbrot hervorragend auf dem Grill zubereiten. Der Pizzastein kann natürlich ebenso gut auch im Backofen verwendet werden und sorgt bei hoher Temperatur für einen krossen Boden und einen saftigen Belag.

PINSEL MIT LANGEM STIEL

Ein langstieliger Pinsel ist super, um das Grillgut auf dem Grill mit Marinade zu bestreichen oder den Rost leicht mit Öl einzupinseln, ohne sich dabei zu verbrennen. Ich verwende Silikonpinsel, weil diese schnell & einfach zu reinigen sind und garantiert keine Tierborsten enthalten.

GRILLHANDSCHUHE

Ich gebe zu, Grillhandschuhe sehen vielleicht nicht besonders schick aus, sind aber enorm praktisch. Sie schützen einen Teil der Unterarme, was besonders wichtig ist, wenn man mit einem großen Grill arbeitet. So erreicht man auch das Grillgut im hinteren Bereich, ohne sich zu verbrennen.

GRILLZANGE

Für Sojasteaks & Co. eignet sich eine Grillzange mit Zinken, mit der man auch richtig zugreifen kann. Für Gemüse sollte man eher eine flache Grillzange verwenden, um das zarte Gemüse nicht zu zerdrücken. Wichtig ist, dass die Zange gut in der Hand liegt und nicht so leicht wegrutschen kann.

GRILLSPIESSE

Grillspieße gibt es in verschiedenen Größen aus Metall oder Holz.
Metallspieße sind immer wieder verwendbar und müssen vor der Verwendung eingeölt werden. Schaschlikspieße aus Holz muss man zunächst für mindestens 15 Minuten in Wasser einlegen, damit sie beim Grillen nicht verbrennen. Holzspieße sind nur einmal verwendbar.

GRILLGITTER

Grillgitter, in denen das Grillgut eingeklemmt wird, gibt es in verschiedenen Ausführungen, z. B. für Maiskolben oder Burger. Diese Gitter sind besonders für Burger sehr praktisch, da diese einfacher gewendet werden können, weniger schnell zerbrechen und nicht durch den Rost rutschen können. Es geht aber natürlich auch ohne.

GRILLBÜRSTE

Eine gute, stabile Grillbürste mit langem Stiel und Borsten aus rostfreiem Edelstahl erleichtert das Säubern des Rosts nach der Grillparty ungemein. Auch zwischendurch leistet sie gute Dienste und sorgt dafür, dass die leckere Ananas nicht plötzlich nach dem zuvor gegrillten mit Knoblauch marinierten Sojasteak schmeckt.

Nützliche Küchenhelfer

Diese Küchengerätschaften sind sicherlich nicht alle ein Muss, aber durchaus hilfreich.

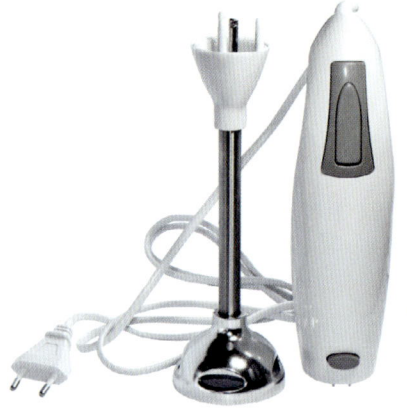

Leistungsstarker Mixer, Pürierstab oder Personal Blender zum Pürieren von Pesto und Herstellen von Mayonnaise

Schüsseln in unterschiedlichen Größen, idealerweise mit Deckel – das spart Folie zum Abdecken und schont die Umwelt

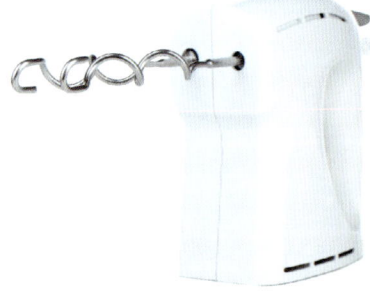

Küchenmaschine oder Mixer mit Knethaken zur Herstellung von Teig

Teigrolle zum gleichmäßigen Ausrollen von Teig – notfalls lässt sich Teig auch mit einer Weinflasche ausrollen

Springform für Brot

Küchenwaage

Haarsieb oder Nussmilch-
beutel zur Herstellung von
veganem Frischkäse

Cupmaß mit 250 ml Inhalt und
verschiedenen Einteilungen – ersetzt für
mich oft die Waage

Große Karaffen oder Krüge für
hausgemachte Limonade

... und natürlich Schneidebretter,
scharfe Messer, Kochlöffel, Back-
pinsel, Topflappen etc.

Vegane Produkte
im Überblick

Natürlich sind sämtliche Produkte, die in diesem Buch verwendet werden, vegan, aber ein paar spezielle möchte ich hier kurz vorstellen:

LIQUID SMOKE
Flüssigrauch mit Hickory-Aroma ist ein wichtiger Bestandteil von American-BBQ-Sauce und verleiht eine rauchige Note.

SEITAN
Seitan ist reines Weizengluten. Ich verwende Seitan-Fix bei der Herstellung von Würstchen oder um daraus köstliche Steaks zuzubereiten.

SOJAMILCH
Für herzhafte Speisen eignen sich am besten nur leicht oder gänzlich ungesüßte Sorten. Für die Herstellung von Mayonnaise muss die Sojamilch einen Eiweißgehalt von mindestens 3 g Eiweiß /l haben.

SOJAJOGHURT
Für herzhafte Dips und Soßen-Varianten sollte man ungesüßten Natur-Sojajoghurt wählen, z. B. von »Sojade« (Bioladen).

TAHINI
Diese Paste aus fein gemahlenem Sesam ist für Hummus oder Auberginen-Dip unentbehrlich. Tahini wird entweder aus ungeschälten oder auch aus geschälten Sesamkörnern (weißes Tahini) hergestellt.

TEMPEH

Tempeh ist ein fermentiertes Produkt aus ganzen Sojabohnen, das ursprünglich aus Indonesien stammt. Der Edelschimmelpilz, mit dem er versetzt ist, sorgt für ein nussiges Aroma und eine schnittfeste Struktur.

TOFU NATUR

Tofu wird aus Sojabohnen hergestellt und schmeckt pur eher fad. Richtig zubereitet wird daraus eine köstliche Proteinquelle.

TROCKENSOJA

Ich verwende in diesem Buch Soja-Steaks und Soja-Rinderfilets (z. B. von Vantastic Foods). Fleischersatz aus Trockensoja wird vor der Verarbeitung in würzigem Sud eingeweicht und/oder aufgekocht und anschließend gründlich ausgedrückt.

VEGANE BUTTER

Als Butterersatz verwende ich Alsan, eine Pflanzenmargarine in Form eines Butterstücks. Die verschiedenen Sorten sind im Supermarkt im Kühlregal zu finden und allesamt vegan.

Tipps rund um die Vorbereitung

✗

DIE RICHTIGE PLANUNG

Zunächst einmal: keine Panik! Natürlich braucht es für eine große Grillparty mit 20 Gästen eine andere Vorbereitung als für einen spontanen Grillabend mit ein paar Freunden oder der Familie. Dennoch lässt sich beides mit ein wenig Planung reibungslos organisieren, wenn man nur einen kühlen Kopf behält.

Die meisten Rezepte in diesem Buch können schon im Vorfeld zubereitet werden. Einige Gerichte benötigen sogar dringend eine gewisse Ruhezeit im Kühlschrank, um ihren vollen Geschmack zu entfalten. Daher sollte man sich unbedingt zunächst das komplette Rezept durchlesen, um nicht doch in Zeitnot zu geraten. Die Ruhezeiten sind meine Empfehlung aufgrund persönlicher Erfahrung. Man kann aber sehr gut am Vormittag alle Gerichte für eine fröhliche Grillrunde im kleinen Kreis am selben Abend vorbereiten.

Für eine richtige Party sollte man schon einen Tag mehr einplanen, damit man am Ende auch selbst noch Spaß an der Feier hat und nicht bereits völlig erschöpft von der Vorbereitung ist. Eine gute Vorratsplanung und eine detaillierte Einkaufsliste erleichtern die Vorarbeit. Einkaufen sollte man keinesfalls auf den letzten Drücker. Nichts stresst mehr, als im Supermarkt vor einem leeren Regal zu stehen und am Ende vielleicht die halbe Stadt abfahren zu müssen, weil eine wichtige Zutat ausverkauft ist.

DIE MISCHUNG MACHT'S.

Eine ausgewogene Mischung aus Grillgut, Salaten, Dips und Beilagen sind das A und O. Auch bei einer kleineren Runde biete ich immer 4-5 verschiedene Grillspezialitäten, eine Mischung aus Gemüsegerichten und Fleischersatz wie Steaks oder Burger, 2-3 Salate und mindestens 2 Dips an. Außerdem gibt es eine oder zwei leckere Brotsorten und eine vegane Buttervariante. Dazu noch gut gekühlte Getränke, und der Grillspaß kann beginnen.

ORDNUNG AUF DEM GRILLBUFFET

Für eine kleine Runde mit bis zu sechs Personen können alle Speisen, außer dem Grillgut, direkt auf den Tisch gestellt werden, für mehr Gäste sollte man ein kleines Buffet errichten. Dafür eignet sich ein zusätzlicher Tisch in der Nähe des Grills. Dieser sollte in gebührendem Abstand zum Grill stehen, damit Salate & Co nicht warm werden.

Beim Buffet sollte man darauf achten, dass die Speisen thematisch aufgebaut sind. Sinnvoll ist es, auf der linken Seite des Buffets Teller und Besteck bereitzustellen. Das Besteck kann man z. B. in große, mit Servietten ausgelegte Gläser stellen oder ganz einfach in Körbchen legen.

Brot und Brötchen sollten zusammen mit Buttervariationen und Dips platziert werden, daneben eine Salatauswahl und das Grillgut. So kann sich jeder Gast seine Lieblingsspezialitäten aussuchen und direkt grillen oder vom »Grillmeister« zubereiten lassen.

Bei vielen unterschiedlichen Speisen wird das Buffet etwas übersichtlicher, wenn man, wie bei professionell geplanten Events, Erhöhungen verwendet. Hierfür eignen sich stabile Schachteln und kleine Kartons ebenso wie umgedrehte Schüsseln, die mit Servietten oder Tüchern abgedeckt werden.

Karaffen mit selbst gemachter Limonade und vielen Eiswürfeln darin können zusammen mit Gläsern ans Ende des Buffets oder auch direkt auf den Tisch gestellt werden. Perfekt ist natürlich ein zusätzlicher Getränke-Kühlschrank auf der Terrasse. So können sich die Gäste ganz einfach selbst bedienen und man ist nicht ständig damit beschäftigt, Getränke nachzuholen.

NUR KEIN STRESS

Der Grillabend (oder -nachmittag) soll für alle eine schöne und entspannte Angelegenheit werden – vor allem auch für die Gastgeber. Daher mein Tipp: Die Ansprüche nicht zu hoch schrauben – es muss nicht alles perfekt sein. Und nur keine falsche Zurückhaltung, wenn Gäste ihre Hilfe anbieten. Helfende Hände sind spätestens beim Aufräumen und Abwaschen äußerst praktisch, damit einem das unvermeidliche anschließende »Chaos« nicht die Lust auf weitere schöne Feste verdirbt.

Vegane Buttervarianten, Dips & Soßen

Orangenbutter mit Rosmarin

Eine etwas fruchtigere Variante.

Zutaten
für ca. 250 g

- 250 g »Alsan«
- abgeriebene Schale von 1 Bio-Orange
- 1 TL Orangensaft
- 1 EL Rosmarinnadeln, fein gehackt
- ¼ TL Salz

Zubereitung

Alle Zutaten im Mixer/Blender oder mit einem Pürierstab pürieren.

Zitronen-Thymian-Butter

Zitrone und Thymian ergänzen sich perfekt.

Zutaten
für ca. 250 g

- 250 g Alsan
- 1 Bio-Zitrone (abgeriebene Schale der ganzen / Saft von ½ Zitrone)
- 1 Bund Thymian, Blätter abzupfen
- 1-2 Knoblauchzehen
- ½ TL Salz

Zubereitung

Alle Zutaten im Mixer/Blender oder mit einem Pürierstab pürieren.

Bärlauchbutter

Meine absolute Lieblingsbutter im Frühjahr. Davon friere ich während der Saison immer einen kleinen Vorrat ein.

Zutaten

für ca. 250 g
- 250 g Alsan
- 75 g Bärlauch
- Salz

Zubereitung

Alle Zutaten im Mixer/Blender oder mit einem Pürierstab pürieren und mit Salz abschmecken.

Italienische Kräuterbutter

Ein Hauch von Italien – besondern köstlich auf frischem Olivenbrot (Seite 117).

Zutaten

für ca. 250 g
- 250 g Alsan
- 6 getrocknete Tomaten, in Öl eingelegt
- 3 Knoblauchzehen
- 1 Handvoll Basilikumblätter
- 1 Handvoll Thymianblätter
- 1 TL Oregano, gerebelt
- ½ Bund glatte Petersilie
- 1 TL Salz
- Pfeffer, frisch gemahlen

Zubereitung

Alle Zutaten im Mixer/Blender oder mit einem Pürierstab pürieren und mit Pfeffer abschmecken.

Möhrenbutter mit Ingwer

In dieser exotischen Butter stecken reichlich Vitamine.

Zubereitung

Möhren und Ingwer fein raspeln.

Zusammen mit Alsan in einen Blender geben und cremig pürieren.

Mit Kreuzkümmel und Salz abschmecken.

Zutaten

für ca. 250 g

- 250 g Alsan
- 2-3 Möhren
- 1 Stück Ingwer (ca. 3 cm), geschält
- 1 TL Kreuzkümmel
- ¾ TL Salz

Paprika-Pesto

Diese Pestovariante schmeckt herrlich
zu Kartoffelhälften mit Knoblauch (Rezept Seite 91).

Zubereitung

Alle Zutaten im Mixer/Blender oder mit einem Pürierstab pürieren und mit Salz und frisch gemahlenem Pfeffer abschmecken.

Zutaten

für 1 kleines Glas

- 1 große rote Paprikaschote
- 2 Stück eingelegte geröstete Paprika (gut abgetupft)
- 75 g Cashewkerne
- 2 EL Hefeflocken
- 1 TL Paprika rosenscharf
- 50 ml Olivenöl
- Salz
- Pfeffer, frisch gemahlen

Übrig gebliebenes Paprika-Pesto schmeckt
auch sehr gut zu Nudeln.

Pico de Gallo

Mexikanischer Tomaten-Dip mit Zwiebeln. Schmeckt auch lecker mit Tortilla-Chips.

Zutaten

für 6 Portionen

- 1 Dose (400 g) Schältomaten
- 3 Frühlingszwiebeln, in feinen Ringen
- 1 kleine rote Zwiebel, fein gewürfelt
- ½ Bund glatte Petersilie, gehackt
- 1 Spritzer Zitronensaft
- Salz
- Pfeffer, frisch gemahlen
- Chiliflocken

Zubereitung

Schältomaten abtropfen lassen und würfeln.

Zusammen mit Frühlingszwiebeln, roter Zwiebel und Petersilie in eine kleine Schüssel geben.

Mit Zitronensaft, Salz, Pfeffer und etwas Chili pikant abschmecken.

Auberginen-Dip

Meine persönliche Lieblingsvariante des orientalischen Klassikers Baba Ganoush.

Zubereitung

Auberginen großzügig mit Olivenöl einreiben, mehrfach mit einer Gabel einstechen und auf den Grill legen.

Von allen Seiten gleichmäßig grillen, bis das Fruchtfleisch weich ist. Die äußere Schale darf dabei ruhig schwarz werden.

Auberginen abkühlen lassen, dann halbieren und das Fruchtfleisch mit einem Esslöffel herauslösen.

Mit Tahini, Zitronensaft, Knoblauch und den Gewürzen pürieren und abschmecken.

Zum Servieren den verbliebenen EL Olivenöl über den Dip träufeln und mit der gehackten Petersilie garnieren.

Zutaten

für 4-6 Portionen

- 2 große Auberginen
- 2 EL Olivenöl
- 3 EL Tahini
- Saft und Schale von ½ Bio-Zitrone
- 3-4 Knoblauchzehen, fein gehackt
- ½ TL Kreuzkümmel
- 1 TL Salz
- Pfeffer, frisch gemahlen
- ¼ Bund glatte Petersilie, fein gehackt

Hummus
mit gebackenem Knoblauch

Hummus liebe ich in allen Variationen. Hier verleiht
der gebackene Knoblauch eine sanfte Note.

Zubereitung

Von der Schale der Knoblauchknolle die oberen
Spitzen abschneiden, sodass die Knoblauchzehen
leicht freiliegen. Im vorgeheizten Ofen bei 200 °C
Umluft etwa 45-50 Minuten backen, bis der
Knoblauch weich ist.

Kichererbsen abgießen, mit Wasser abspülen und
abtropfen.

Knoblauchknolle etwas abkühlen lassen und dann
den weichen Knoblauch herausdrücken.

Alle Zutaten fein pürieren und abschmecken.

Zutaten

für 4-6 Portionen

- 1 Knoblauchknolle
- 1 Dose (400 g) Kichererbsen
- 4 El Olivenöl
- 3 EL Kichererbsen-Flüssigkeit
- 1 ½ EL Tahini (Sesammus)
- 1 TL Kreuzkümmel
- Saft von 1 Zitrone
- ½ TL Salz

Joghurt-Knoblauch-Dip

Erfrischend & lecker – schmeckt auch ganz einfach mit Brot.

Zutaten

für 4-6 Portionen

- 400 g Sojajoghurt natur, ungesüßt
- Saft von 1 Zitrone
- 4 Knoblauchzehen, fein gehackt
- 1 Bund Schnittlauch, fein gehackt
- Salz
- Weißer Pfeffer

Zubereitung

Sojajoghurt mit Zitronensaft glatt rühren.

Knoblauch und Schnittlauch unterrühren und mit Salz und Pfeffer kräftig abschmecken.

Im Kühlschrank mindestens 1 Stunde ziehen lassen und vor dem Servieren noch einmal abschmecken.

Mojo Verde

Mojo wird auf den Kanaren traditionell zu »Papas arugadas«, kleinen Pellkartoffeln mit Salzkruste serviert, schmeckt aber auch zu gegrilltem Gemüse ganz wunderbar.

Zutaten

für 4-6 Portionen

- 6-8 Knoblauchzehen
- 2 grüne Paprikaschoten
- 1 Bund glatte Petersilie
- ½ Bund Koriander
- 4 EL Rotweinessig
- 150 ml Olivenöl
- 1 TL Kreuzkümmel
- Salz

Zubereitung

Knoblauch, Paprika und Kräuter pürieren.

Rotweinessig und Olivenöl hinzugeben und gut verrühren.

Mit Kreuzkümmel und Salz abschmecken.

Mango-Curry-Dip

Fruchtig frisch mit feiner Currynote.

Zubereitung

Mango-Chutney mit Sojajoghurt und Mayonnaise glatt rühren.

Currypulver unterrühren und mit Salz abschmecken.

Zutaten

für 4-6 Portionen

- 2 EL Mango-Chutney
- 125 ml Sojajoghurt natur, ungesüßt
- 4 EL Mayonnaise (Rezept Seite 34)
- 1-2 TL mildes Currypulver
- Salz

Salsa Picante

Diese feurige Salsa ist vielseitig verwendbar und
darf in Mexico bei keinem Essen fehlen.

Zutaten

für 4-6 Portionen

- 1 Dose (400 g) Schältomaten
- 1 Zwiebel, grob zerteilt
- 2-3 Knoblauchzehen
- 5-6 Jalapeño-Chili-Scheiben, eingelegt
- 1 TL Kreuzkümmel
- 1 TL Oregano
- Salz

Zubereitung

Kreuzkümmel und Oregano kurz in einer
trockenen, beschichteten Pfanne anrösten.

Schältomaten mit Zwiebeln, Knoblauch und
Jalapeños fein pürieren.

Kreuzkümmel und Oregano unterrühren und die
Salsa mit Salz abschmecken.

Mango-Ananas-Salsa

Eine fruchtig-pikante Salsa-Variante.

Zubereitung

Zutaten in einer Schüssel vermischen und mit Salz und Pfeffer abschmecken.

Über Nacht abgedeckt im Kühlschrank ziehen lassen.

Zutaten

für 4-6 Portionen

- 2 Mangos, fein gewürfelt
- ½ Ananas, fein gewürfelt
- 1 rote Paprika, fein gewürfelt
- 1 rote Zwiebel, gehackt
- 1 weiße Zwiebel, gehackt
- 1 Handvoll glatte Petersilie, fein gehackt
- 1 Handvoll Korianderblätter, fein gehackt
- Salz
- Pfeffer, frisch gemahlen

Salsa Picante

Pfirsich-Salsa

Mango-Ananas-Salsa

Avocado-Salsa

Pfirsich-Salsa

Fruchtig-scharf und besonders lecker zu
gegrillten Soja-Steaks (Rezept Seite 74).

Zutaten

für 4-6 Portionen

- 2 Pfirsiche
- 1 TL Jalapeño-Chilischoten aus dem Glas, fein gehackt
- ½ kleine rote Paprikaschote, fein gewürfelt
- 1 kleine rote Zwiebel, fein gewürfelt
- 1 Knoblauchzehe, fein gehackt
- ½ Zitrone, ausgepresst
- 1 TL Agavendicksaft
- Salz
- Pfeffer, frisch gemahlen

Zubereitung

Die Pfirsiche auf der Unterseite mit einem scharfen Messer kreuzförmig einschneiden und mit kochendem Wasser überbrühen.

Die Haut abziehen, Pfirsiche halbieren und den Stein entfernen.

Die Pfirsiche fein würfeln und mit Jalapeños, Paprika- und Zwiebelwürfeln sowie Knoblauch in eine Schüssel geben und vermengen.

Zitronensaft mit Agavendicksaft verrühren und dazugeben.

Mit Salz und frisch gemahlenem Pfeffer abschmecken.

Avocado-Salsa

Stückige Alternative zur altbekannten Guacamole.

Zubereitung

Avocado, Tomate, Zwiebel und Knoblauch in eine kleine Schüssel geben und mit den Gewürzen pikant abschmecken.

Zutaten

für 4-6 Portionen

- 1 Avocado, fein gewürfelt
- 1 Tomate, fein gewürfelt
- 1 kleine rote Zwiebel, fein gehackt
- 1-2 Knoblauchzehen, fein gehackt
- Salz, Pfeffer, etwas Tabasco, Kreuzkümmel (falls vorhanden, schmeckt aber auch ohne)

Mayonnaise Basisrezept

Das ultimative Grundrezept für Mayonnaise.

Zutaten

für ein Glas

- 100 ml Sojamilch
(mind. 3 g Eiweißgehalt / l)

- 200 ml Rapsöl

- 1 TL Senf

- 2-3 TL Zitronensaft

- Salz

Zubereitung

Aus Sojamilch, Rapsöl, Senf und Zitronensaft eine Mayonnaise herstellen. Für die Zubereitung mit einem Pürierstab zuerst die Sojamilch mit dem Senf und Zitronensaft in einem hohen Rührgefäß vermischen und dann nach und nach das Rapsöl zugießen. Dabei den Pürierstab langsam nach oben ziehen.

Mit Salz abschmecken.

Pesto-Mayonnaise

Italienisches Pesto kombiniert mit klassischer Mayonnaise
- besonders lecker zu gegrilltem Gemüse.

Zubereitung

Für das Pesto die Pinienkerne in einer trockenen Pfanne kurz goldbraun anrösten und anschließend mit Basilikum, Knoblauch und Hefeflocken pürieren.

Nach und nach das Olivenöl hinzugeben und verrühren.

Aus Sojamilch, Rapsöl, Senf und Zitronensaft eine Mayonnaise herstellen. Für die Zubereitung mit einem Pürierstab zuerst die Sojamilch mit dem Senf und Zitronensaft in einem hohen Rührgefäß vermischen und dann nach und nach das Rapsöl zugießen. Dabei den Pürierstab langsam nach oben ziehen.

Pesto dazugeben und kurz vermischen. Mit Salz abschmecken.

Zutaten

für ein kleines Glas

- 50 ml ungesüßte Sojamilch (mind. 3 g Eiweißgehalt / l)
- 100 ml Rapsöl
- ¼ TL Senf
- 1-2 TL Zitronensaft
- 3 EL Pesto
- Salz

ZUTATEN FÜR DAS PESTO

- 1 Bund Basilikum, gehackt
- 2 Knoblauchzehen, grob gehackt
- 2 EL Pinienkerne
- 1 EL Hefeflocken
- 75 ml Olivenöl

Tomaten-Chili-Mayonnaise

Feurig-fruchtige Mayo-Variante.

Zutaten

für ein kleines Glas

- 50 ml Sojamilch (mind. 3 g Eiweißgehalt)
- 100 ml Rapsöl
- ½ TL Senf
- ½ Zitrone (Saft)
- 3-4 getrocknete Tomaten in Öl, klein geschnitten
- 4-5 eingelegte Jalapeño-Scheiben
- Salz, Chiliflocken oder Tabasco nach Geschmack

Zubereitung

Aus Sojamilch, Rapsöl, Senf und Zitronensaft eine Mayonnaise herstellen. Für die Zubereitung mit einem Pürierstab zuerst die Sojamilch mit dem Senf und Zitronensaft in einem hohen Rührgefäß vermischen und dann nach und nach das Rapsöl zugießen. Dabei den Pürierstab langsam nach oben ziehen.

Zum Schluss die klein geschnittenen getrockneten Tomaten und Jalapeño-Scheiben dazugeben und alles kurz pürieren. Mit Salz und Chiliflocken oder Tabasco abschmecken.

Aioli

Köstliche Knoblauch-Mayonnaise aus Spanien.

Zubereitung

Aus Sojamilch, Rapsöl, Senf und Zitronensaft eine Mayonnaise herstellen. Für die Zubereitung mit einem Pürierstab zuerst die Sojamilch mit dem Senf und Zitronensaft in einem hohen Rührgefäß vermischen und dann nach und nach das Rapsöl zugießen. Dabei den Pürierstab langsam nach oben ziehen.

Zum Schluss die gehackten Knoblauchzehen dazugeben und kurz pürieren. Mit Salz abschmecken.

Zutaten

für ein kleines Glas

- 50 ml ungesüßte Sojamilch (mind. 3 g Eiweißgehalt / l)
- 100 ml Rapsöl
- ¼ TL Senf
- Saft von ½ Zitrone
- 2 Knoblauchzehen, grob gehackt
- Salz

Hausgemachter Curry-Senf

Schmeckt hervorragend zu Tofu-Seitan-Bratwürstchen (Rezept Seite 78).

Zubereitung

Alle Zutaten außer Salz in einer Schüssel vermischen und abgedeckt über Nacht in den Kühlschrank stellen. Mit einem Pürierstab oder besser im Blender fein pürieren. Mit Salz abschmecken und je nach Geschmack noch etwas Currypulver oder Agavendicksaft hinzufügen.

Zutaten

für ein kleines Glas

- 125 ml Weißwein
- 60 ml Reis-Essig
- 100 g Senfkörner
- ¼ Zwiebel, gewürfelt
- 1 TL Currypulver
- 1 TL Agavendicksaft
- Salz

American-BBQ-Sauce

Der rauchige Klassiker, ideal auch als Marinade.

Zutaten

für ein kleines Glas

- 250 ml Ketchup
- 4 EL vegane Worcestershire-Soße
- 4 EL Balsamicoessig
- 2 TL Agavendicksaft
- 2 TL Liquid Smoke
- Salz
- Chilipulver

Zubereitung

Ketchup, Worchestershire-Soße und Balsamicoessig gründlich mit einem Schneebesen verrühren.

Agavendicksaft und Liquid Smoke unterrühren und mit Salz und Chilipulver abschmecken.

Salate

Couscoussalat mit
Granatapfelkernen und gerösteten Mandeln

Der Granatapfel verleiht diesem Couscous das »gewisse Etwas«.

Zutaten

für 6-8 Portionen

- 100 g Quick-Couscous
- 200 ml Gemüsebrühe
- 50 g Mandelblättchen
- 1 grüne Paprika, fein gewürfelt
- ½ Apfel, geschält und geraspelt
- 1 Granatapfel
- 100 g Kirschtomaten, halbiert
- 1 Handvoll schwarze Oliven ohne Stein, in Scheiben
- 2 TL Olivenöl
- ½ Zitrone, ausgepresst
- Salz
- Pfeffer, frisch gemahlen
- ½ Bund glatte Petersilie, gehackt

Die Granatapfelkerne lösen sich ganz leicht, wenn man den halbierten Granatapfel über eine Schüssel hält und mit einem Esslöffel ringsum auf die Schale klopft. Die Kerne fallen dann in die Schüssel.

Zubereitung

Den Couscous in eine große Schüssel geben und mit heißer Gemüsebrühe übergießen.

Abgedeckt ein paar Minuten stehen lassen, bis die Flüssigkeit aufgesogen ist, dann mit einer Gabel auflockern.

Granatapfel halbieren und die Kerne direkt über der Schüssel mit dem Couscous aus der Schale lösen.

Mandelblättchen in einer Pfanne ohne Öl kurz anrösten, bis sie goldbraun sind. Zum Abkühlen auf einen kleinen Teller geben.

Couscous mit Paprikawürfeln, geriebenem Apfel, Kirschtomaten und Olivenscheiben vermischen.

Olivenöl sowie Zitronensaft dazugeben und mit Salz und Pfeffer abschmecken.

Mandelblättchen und etwa ⅔ der gehackten Petersilie unterheben.

Zum Servieren mit der restlichen Petersilie garnieren.

Quinoasalat
mit Rucola und Tomaten-Pesto

Dieser Salat ist eine supergesunde Proteinbombe.

Zutaten

für 6-8 Portionen

- 2 Tassen (à 250 ml) Quinoa, gekocht
- 1 Tasse (250 ml) Erbsen, gekocht
- 200 g Kirschtomaten, halbiert
- 1 rote Zwiebel, fein gehackt
- 125 g Rucola, gewaschen und geputzt

FÜR DAS PESTO

- 1 Bund Basilikum
- 6-8 getrocknete Tomaten in Öl
- 2-3 Knoblauchzehen
- 2 EL Pistazien
- 1 EL Hefeflocken
- 50 ml Olivenöl
- Salz

Zubereitung

Quinoa, Erbsen, Kirschtomaten und rote Zwiebel in eine Schüssel geben.

Für das Pesto Basilikum, getrocknete Tomaten, Knoblauch, Pistazien, Hefeflocken mit Olivenöl pürieren und evtl. mit Salz abschmecken.

Pesto mit dem Salat vermischen.

Vor dem Servieren den Rucola hinzugeben und vorsichtig vermischen.

Curry-Reissalat
mit gebratenen Bananenscheiben

Exotisch-würzig mit Erdnüssen und Kochbanane.

Zubereitung

Reis nach Packungsanweisung bissfest kochen, dabei 1 TL Kurkuma in das Kochwasser geben.

Abgekühlten Reis mit Frühlingszwiebeln, Paprika und Erdnüssen in eine große Schüssel geben.

Orangensaft mit Olivenöl, Salz, Curry, Agavendicksaft und Pfeffer in einer kleinen Schüssel mit einem Schneebesen gründlich verrühren.

Salat mit dem Dressing vermischen und mindestens 1 Stunde im Kühlschrank ziehen lassen.

In der Zwischenzeit die Banane schälen und in etwa 1 cm dicke Scheiben schneiden.

2-3 EL Rapsöl in einer Pfanne erhitzen und die Bananenscheiben darin von beiden Seiten goldbraun braten. Anschließend auf Küchenpapier abtropfen lassen und mit etwas Salz bestreuen.

Vor dem Servieren die gebratenen Bananenscheiben über den Salat geben und eventuell noch mit Erdnüssen garnieren.

Zutaten

für 6-8 Portionen

- 1 Tasse (250 ml) Langkornreis
- 1 TL Kurkuma
- 3 Frühlingszwiebeln, in feinen Ringen
- 1 rote Paprika, fein gewürfelt
- 75 g Erdnüsse, grob gehackt

FÜR DAS DRESSING

- Saft von 1 Orange
- 3 EL Olivenöl
- 2 TL Salz
- 2 TL süßes Curry
- 2 TL Agavendicksaft
- ½ TL Weißer Pfeffer

AUSSERDEM

- 1 Kochbanane (ca. 250 g)
- Salz
- Rapsöl zum Braten

Cremiger Avocado-
Kartoffelsalat

Eine willkommene Alternative zum traditionellen Kartoffelsalat.

Zubereitung

Kartoffeln kochen, abkühlen lassen, pellen und in Scheiben schneiden.

Avocado mit Wasser, Senf und Zitronensaft pürieren.

Gurke, Zwiebeln und gehackte Petersilie hinzugeben und mit Salz und Pfeffer kräftig abschmecken.

Avocadodressing mit den Kartoffeln mischen und mindestens eine Stunde im Kühlschrank ziehen lassen.

Zutaten

für 6 Portionen

- 800 g festkochende Kartoffeln
- 2 reife Avocados
- 50 ml Wasser
- 2 EL mittelscharfer Senf
- 1 rote Zwiebel, fein gehackt
- 1 Frühlingszwiebel, in feinen Ringen
- Saft von ½ Zitrone
- 1 kleine Gurke, geschält, geviertelt und in dünne Scheiben geschnitten
- 1 EL glatte Petersilie, fein gehackt
- Salz
- Pfeffer, frisch gemahlen

Klassischer Kartoffelsalat

Kartoffelsalat nach Omas Rezept darf für mich beim Grillen nicht fehlen.

Zutaten

für 8 Portionen

- 1½ kg Kartoffeln, festkochend
- 1 TL Kümmel
- 1 TL Salz
- 3-4 Gewürzgurken, gewürfelt
- 1 EL Gurkenwasser
- 1 Zwiebel, fein gehackt
- 1 Apfel, geschält und gewürfelt
- ½ Bund krause Petersilie, fein gehackt
- 2 TL Kala Namak
- Salz
- Pfeffer, frisch gemahlen

ZUTATEN FÜR 1 GLAS MAYONNAISE SIEHE GRUNDREZEPT SEITE 34

- 100 ml ungesüßte Sojamilch (mind. 3 g Eiweißgehalt / l)
- 200 ml neutrales Rapsöl
- 1 TL Senf
- Saft von ½ Zitrone
- Salz

Zubereitung

Kartoffeln in Wasser mit Kümmel und Salz gar kochen.

In der Zwischenzeit In der Zwischenzeit die Mayonnaise zubereiten.

Die gekochten Kartoffeln abkühlen lassen, pellen und in Scheiben oder Würfel schneiden.

Zusammen mit Gewürzgurken, Zwiebeln und Apfelstücken in eine Schüssel geben.

Mayonnaise darüber geben und vorsichtig vermengen.

Kala Namak und Petersilie dazugeben und mit Salz, Pfeffer und evtl. noch etwas Kala Namak und Gurkenwasser abschmecken. Da das Kala Namak je nach Marke unterschiedlich intensiv sein kann, lieber zunächst etwas vorsichtiger dosieren.

Kartoffelsalat mehrere Stunden, besser über Nacht im Kühlschrank durchziehen lassen.

Vor dem Servieren noch mal abschmecken.

Gurkensalat
mit Limetten und roten Zwiebeln

Frisch und schnell zubereitet.

Zubereitung

Gurkenscheiben und Zwiebel in eine Schüssel geben und mit Limettensaft und Olivenöl vermischen.

Petersilie hinzufügen, vermischen und mit Chiliflocken, Salz und Pfeffer würzen.

Im Kühlschrank 45 Minuten ziehen lassen.

Zutaten

für 4-6 Portionen

- 2 Gurken, geschält, in dünnen Scheiben
- 1 rote Zwiebel, halbiert, in dünnen Scheiben
- Saft von 2 Limetten
- 3 EL Olivenöl
- ½ Bund glatte Petersilie, fein gehackt
- ¼ TL Chiliflocken
- Salz
- weißer Pfeffer

Sommerlicher Nudelsalat mit pikantem Erdnuss-Dressing

Mein absoluter Lieblingssalat für Grillabende. Schmeckt aber auch hervorragend als sommerlich-gesundes Mittagessen.

Zutaten

für 4-6 Portionen als Beilage

- 250 g Spaghetti
- 1 TL Erdnussöl
- 1-2 Zucchini
- 2 Möhren, in feinen Streifen
- 1 rote Paprika, in feinen Streifen
- ¼ Kopf (klein) Rotkohl, in feinen Streifen
- 5 Frühlingszwiebeln, in Ringen
- 50 g gesalzene Erdnüsse

DRESSING

- 50 ml kaltes Wasser
- 2 EL Erdnussbutter
- 1 EL Agavendicksaft
- 1 EL Sojasoße
- 1 EL Reisessig
- 1 EL Erdnussöl
- 1 TL Sriracha-Soße
- Saft von ½ Zitrone
- 2 Knoblauchzehen
- ½ TL Salz

Zubereitung

Spaghetti halbieren und nach Packungsanweisung in Salzwasser garen, abschrecken und in einer großen Schüssel mit 1 TL Erdnussöl mischen. Abkühlen lassen.

In der Zwischenzeit alle Zutaten für das Dressing in einem Blender oder mit einem Pürierstab fein pürieren.

Zucchini mit einem Spiralschneider in »Spaghetti« schneiden (nicht zu lang, sonst teilen) und mit den restlichen Zutaten zu den Nudeln geben.

Dressing über den Salat geben und vermischen.

Panzanella

Sommerlicher Brotsalat aus der Toskana.

Zutaten

für 6 Portionen

- 200 g Ciabatte, in dünnen Scheiben (am Vortag in Scheiben schneiden und trocknen lassen)
- 400 g reife Kirschtomaten
- 3 kleine Paprika (rot, gelb, grün), fein gewürfelt
- 2 rote Zwiebeln, halbiert, in dünnen Scheiben
- ½ Bund glatte Petersilie, fein gehackt
- ½ Bund Basilikum, gehackt
- 3 Knoblauchzehen, fein gehackt
- 2 EL Kapern
- ⅛ l Wasser
- 6 EL Rotweinessig
- 8 EL Olivenöl
- 1 Lorbeerblatt
- Salz
- Pfeffer, frisch gemahlen

Zubereitung

Wasser mit Rotweinessig und Lorbeerblatt in einem kleinen Topf aufkochen und abkühlen lassen. Lorbeerblatt entnehmen.

Den Sud über die angetrockneten Brotscheiben gießen und etwa 30 Minuten ziehen lassen.

Kirschtomaten je nach Größe vierteln oder halbieren.

Das Brot ausdrücken und in kleine Stücke rupfen.

In einer Schüssel mit den Tomatenstreifen, Paprikawürfelchen, Zwiebeln und den Kapern mischen.

Olivenöl mit Knoblauch, Petersilie, Salz und Pfeffer verrühren und über den Salat geben.

Gründlich vermischen und mindestens eine Stunde kalt stellen.

Vor dem Servieren mit Salz, Pfeffer und etwas Essig abschmecken und mit gehacktem Basilikum bestreuen.

Möhrensalat mit Walnüssen

Fruchtig-gesund mit frischer Ananas.

Zubereitung

Geraspelte Möhren in eine Schüssel geben, Ananas und Walnüsse unterheben.

Sojajoghurt, Olivenöl und Zitronensaft in einer kleinen Schüssel verrühren und mit Agavendicksaft, Salz und Pfeffer kräftig abschmecken.

Zutaten

für 4-6 Portionen

- 500 g Möhren, geraspelt
- ½ Ananas, klein gewürfelt
- 150 g Walnüsse, grob gehackt
- 150 g Sojajoghurt, natur
- 1 TL Olivenöl
- Saft von ½ Zitrone
- 1 TL Agavendicksaft
- Salz
- Pfeffer, frisch gemahlen

Gemischter Rucolasalat mit Oliven und Weintrauben

Weintrauben nehmen dem Rucola die Schärfe und geben dem Salat einen extra Kick.

Zubereitung

Rucola grob zerrupfen und zusammen mit den restlichen Salatzutaten in eine große Schüssel geben.

Die Zutaten für das Dressing in einem Blender oder mit dem Pürierstab fein pürieren.

Zutaten

für 4-6 Portionen

- 125 g Rucola
- 1 gelbe Paprikaschote, gewürfelt
- 3 Tomaten, geachtelt
- ½ Gurke, geviertelt und dann in Scheiben geschnitten
- ½ Bund Radieschen, halbiert oder in Scheiben geschnitten
- 1 Handvoll grüne Weintrauben, halbiert
- 1 Handvoll schwarze Oliven ohne Stein, in Scheiben geschnitten

VINAIGRETTE

- 100 ml Olivenöl
- Saft von einer Zitrone
- 1 EL Orangensaft
- 1 TL mittelscharfer Senf
- 1 TL Agavendicksaft
- 1 EL Kräuter
- 1 Knoblauchzehe
- 1 TL Salz
- Pfeffer, frisch gemahlen

Bunt gewürfelter Salat
mit cremigem Avocado-Dressing

Dieser Salat macht nicht nur optisch etwas her.

Zutaten

für 6 Portionen

- 2 Romana-Salatherzen, in kleinen Stücken
- 1 rote Paprikaschote, gewürfelt
- 250 g Kirschtomaten, halbiert oder geviertelt
- 1 große Möhre, sehr fein gewürfelt
- 1 Dose (400 g) schwarze Bohnen, abgespült und abgetropft
- 1 Dose (140 g) Mais, abgespült und abgetropft
- 6 Frühlingszwiebeln, in Ringen

DRESSING

- ½ Avocado
- Saft von ½ Zitrone
- 50 ml Olivenöl
- 50 ml Wasser
- 1 EL Weißweinessig
- 1 TL Agavendicksaft
- 2 Knoblauchzehen
- ½ Bund glatte Petersilie
- ½ TL Salz
- Pfeffer, frisch gemahlen

Zubereitung

Alle Zutaten für das Dressing im Blender oder mit dem Pürierstab pürieren.

Die Salatzutaten in eine große Schüssel geben und mit dem Dressing mischen.

Bunter Linsensalat

Köstlich und mit einer Extraportion Eiweiß.

Zutaten

für 6 Portionen

- 350 g Puy-Linsen
- 1 orange Paprikaschote, fein gewürfelt
- 1 rote Zwiebel, fein gehackt
- ½ Gurke, geschält und fein gewürfelt
- 1 Handvoll grüne Oliven (ohne Stein), gehackt
- 2 EL weißer Balsamicoessig
- 2 EL Zitronensaft
- 1 EL Agavendicksaft
- 50 ml Olivenöl
- ¼ TL Kreuzkümmel
- ¼ TL Paprika rosenscharf
- Salz
- Pfeffer, frisch gemahlen
- ½ Bund glatte Petersilie, fein gehackt

Zubereitung

Linsen nach Packungsanweisung bissfest garen und abkühlen lassen.

Anschließend mit Paprika, Zwiebel, Gurke und Oliven in eine Schüssel geben.

Balsamicoessig, Zitronensaft, Agavendicksaft und Olivenöl verrühren und mit den Gewürzen kräftig abschmecken.

Dressing zum Salat geben und im Kühlschrank mindestens 1 Stunde ziehen lassen.

Vor dem Servieren die Petersilie dazugeben und kurz verrühren.

Mediterraner
Kichererbsensalat

Ich liebe Kichererbsen! Sie sind super gesund und enthalten neben reichlich Eiweiß z. B. auch viele Ballaststoffe und Kalzium.

Zubereitung

Kichererbsen mit roten Zwiebeln, getrockneten Tomaten, Kirschtomaten und den gehackten Kräutern in eine Schüssel geben.

Für das Dressing das Olivenöl mit Zitronensaft, Rotweinessig, Knoblauch und Kreuzkümmel mit einem Schneebesen kräftig verrühren oder im Blender mixen. Mit Salz und Pfeffer abschmecken.

Vor dem Servieren das Dressing über den Salat geben und vorsichtig vermischen. Bei Bedarf noch mal etwas abschmecken.

Zutaten

für 6-8 Portionen

- 2 große Dosen (à 800 g) Kichererbsen, abgespült und abgetropft
- 2 rote Zwiebeln, gehackt
- 6-8 getrocknete Tomaten (in Öl), abgetropft, gehackt
- 100 g Kirschtomaten, halbiert
- ½ Bund Basilikum, fein gehackt
- ½ Bund glatte Petersilie, fein gehackt
- 50 ml Olivenöl
- Saft von 1 Zitrone
- 1 EL Rotweinessig
- 3 Knoblauchzehen, fein gehackt
- ½ TL Kreuzkümmel
- Salz
- Pfeffer, frisch gemahlen

Fruchtiger Rucolasalat
mit Avocado

Frische Mango sorgt für tropisches Flair.

Zutaten

für 4 Portionen

- 200 g Rucola
- 1 Mango, gewürfelt
- 2 Avocados, gewürfelt
- 1 rote Zwiebel, halbiert und in Scheiben

DRESSING

- 5 EL Olivenöl
- 1 EL Weißweinessig
- Saft von 1 Orange
- Saft von ½ Zitrone
- 1 EL frischer Koriander, fein gehackt
- 1 EL glatte Petersilie, fein gehackt
- 1 TL Kreuzkümmel, gemahlen
- ½ TL Chiliflocken
- Salz
- Pfeffer, frisch gemahlen

Zubereitung

Die Zutaten für das Dressing in eine kleine Schüssel geben und mit einem Schneebesen gut verrühren.

Rucola, Mango, Avocados und Zwiebel in eine Schüssel geben und mit dem Dressing vermischen. Sofort servieren.

Coleslaw

Köstlich cremig und nah dran am amerikanischen Original.

Zubereitung

Sojamilch mit Zitronensaft mischen und 5 Minuten stehen lassen.

Weißkohl, Möhren und Zwiebeln in eine Schüssel geben.

Sojamilch, Mayonnaise, Senf, Zucker und Weißweinessig in eine kleine Schüssel geben und mit einem Schneebesen gut verrühren.

Dressing mit Salz und Pfeffer abschmecken, zur Weißkohl-Mischung geben und gründlich vermischen.

Abgedeckt im Kühlschrank über Nacht ziehen lassen.

Zutaten

für 6-8 Portionen

- 1 Weißkohl, fein geraspelt
- 2 Möhren, geraspelt
- 1 Zwiebel, fein gehackt
- 250 ml Sojamilch
- Saft von 1 Zitrone
- 125 ml Mayonnaise (Rezept Seite 34)
- 1 TL mittelscharfer Senf
- 3 EL Zucker
- 1 EL Weißweinessig
- ½ TL Salz
- Pfeffer, frisch gemahlen

Burger, Steaks & Spieße

Feurige Hackröllchen
mit fruchtiger Joghurt-Mango-Soße

Scharf & fruchtig ergänzen sich hier perfekt.

Zutaten
für 6 Portionen

FÜR DIE HACKRÖLLCHEN

- 150 g Sojaschnetzel, fein
- Instant-Gemüsebrühe
- Sojasoße
- 5 EL Senf
- 1 EL Semmelbrösel
- 1 kleine Zwiebel, fein gehackt
- 2 Knoblauchzehen, fein gehackt
- ½ Bund glatte Petersilie, fein gehackt
- 1 TL Salz
- 1 TL Pfeffer, frisch gemahlen
- ½ TL Paprikapulver, rosenscharf
- 1 TL Kreuzkümmel, gemahlen
- ½ bis 1 TL Chiliflocken, nach Geschmack
- 6 EL Seitan-Fix (Gluten)
- etwas Wasser
- etwas »Alsan«, zerlassen (zum Bestreichen)

FÜR DIE MANGO-JOGHURT-SOSSE

- 500 g Sojajoghurt, natur
- 1 reife Mango
- Saft von ½ Orange
- 2 TL Agavendicksaft
- 1 kleine Zwiebel, fein gehackt
- 1 walnussgroßes Stück Ingwer
- 2 TL Curry, süß
- 1 Prise Zimt
- etwas gemahlene Chili (nach Geschmack)
- Salz
- weißer Pfeffer

Zubereitung

Sojaschnetzel in eine große Schüssel geben und mit kochendem Wasser übergießen, sodass die Schnetzel gut bedeckt sind.

Mit Gemüsebrühe und Sojasoße kräftig würzen. Die Flüssigkeit sollte überwürzt sein!

10-15 Minuten quellen lassen, dann abgießen, gut ausdrücken und in eine große Schüssel geben.

Alle Zutaten außer Seitan-Fix dazugeben und gründlich vermischen.

Seitan-Fix esslöffelweise hinzugeben und unterkneten, evtl. noch etwas Wasser dazugeben und gut verkneten, sodass eine gleichmäßige Masse entsteht.

Mit feuchten Händen aus der Masse 4-5 cm lange Röllchen mit 2-3 cm Durchmesser formen.

Die Röllchen mit flüssiger Alsan bestreichen und von allen Seiten knusprig braun grillen.

Mango pürieren, evtl. ein kleines Stück Mango in Würfelchen schneiden und als Deko zur Seite legen.

Mangopüree mit Joghurt, Orangensaft und Agavendicksaft vermischen.

Ingwer schälen, fein reiben und mit den Zwiebelwürfelchen unterrühren.

Mit den Gewürzen pikant abschmecken und mit den Mangowürfelchen dekorieren (optional). Zu den Hackröllchen servieren.

Würziger *Kidneybohnen-Burger* mit Erdnüssen

Tomaten-Chili-Mayonnaise (Rezept Seite 36) und Avocado-Salsa (Rezept Seite 33) bilden mit dem Burger die perfekte Kombination.

Zubereitung

Kidneybohnen abspülen, abtropfen und in einer Schüssel zerdrücken.

Die restlichen Zutaten dazugeben und alles gut verkneten.

Kräftig abschmecken und mit feuchten Händen 6 Burger-Patties formen. Diese auf einem Brett für mindestens 20 Minuten in den Tiefkühler stellen.

Burger-Patties mit Rapsöl bestreichen und von beiden Seiten braun grillen. Dabei nur einmal wenden.

Burgerbrötchen aufschneiden und die Schnittflächen kurz auf den Grill legen.

Je 1 TL Tomaten-Chili-Mayonnaise auf die Unterseite geben und mit Salat belegen.

Burger-Patty darauflegen, Tomaten- sowie Zwiebelscheiben auf das Patty legen und einen Klecks Avocado-Salsa darauf geben. Deckel drauf – fertig!

Zutaten

für 6 kleine Burger-Patties

- 1 große Dose (800 g) Kidneybohnen
- 2 rote Zwiebeln, fein gehackt
- 100 g gesalzene Erdnüsse, fein gehackt
- 8 EL Haferflocken
- Salz
- Pfeffer, frisch gemahlen
- Tabasco
- Rapsöl zum Braten

AUSSERDEM

- Burgerbrötchen
- Tomaten-Chili-Mayonnaise
- Salat
- Tomatenscheiben
- Rote Zwiebel in Scheiben
- Avoco-Salsa

Süßkartoffel-Bohnen-Burger

Schwarze Bohnen & Süßkartoffeln liefern reichlich Proteine.

Zutaten

für 6 kleine Burger

- 1 große Süßkartoffel
- Rapsöl zum Bestreichen
- 1 Dose (400 g) schwarze Bohnen
- 1 Zwiebel, fein gehackt
- 5 EL Haferflocken
- 2 EL Sojamehl
- 2-3 TL Grill-Gewürzmischung
- 2 EL glatte Petersilie, fein gehackt
- Salz
- Pfeffer, frisch gemahlen

AUSSERDEM

- Burgerbrötchen
- Salat
- Tomatenscheiben
- Rote Zwiebel in Scheiben
- Mayonnaise (Rezept Seite 34)
- American-BBQ-Sauce (Rezept Seite 38)

Zubereitung

Ein Backblech mit Backpapier belegen.

Süßkartoffel halbieren, die Schnittflächen mit Rapsöl bestreichen und mit den Schnittflächen nach unten auf das Backblech legen. Bei 200 °C im vorgeheizten Ofen etwa 30 Minuten backen, bis die Süßkartoffel weich ist.

Schwarze Bohnen gut abspülen, abtropfen lassen und die Hälfte in einer Schüssel zerdrücken. Das geht gut mit einem Kartoffelstampfer oder einer grobzinkigen Gabel.

Süßkartoffel aushöhlen, Fruchtfleisch zerkleinern und zu den zerdrückten Bohnen in die Schüssel geben.

Zwiebel, Haferflocken, Sojamehl, Gewürze und Petersilie ebenfalls hinzugeben und verkneten.

Mit Salz und frisch gemahlenem Pfeffer pikant abschmecken.

Mit feuchten Händen 6 Burger-Patties formen und auf einem Brett für mindestens 20 Minuten in den Tiefkühler stellen.

Burger-Patties mit Rapsöl bestreichen und von beiden Seiten braun grillen. Dabei nur einmal wenden.

Burgerbrötchen aufschneiden und die Schnittflächen kurz auf den Grill legen.

Je 1 TL Mayonnaise auf die Unterseiten geben und mit Salat belegen.

Burger-Patty darauflegen, Tomaten- sowie Zwiebelscheiben auf das Patty legen und einen Klecks BBQ-Soße darauf geben. Deckel drauf, fertig.

Rote-Bete-Burger

Kinder lieben diesen Burger mit der "heimlichen" Extra-Portion Gemüse.

Zubereitung

Rote Bete fein raspeln und in einem Sieb gut ausdrücken.

Kindneybohnen in einer Schüssel gut zerdrücken und mit Roter Bete, Reis, Knoblauch, Zwiebel und Haferflocken vermischen.

Senf dazugeben und mit den Gewürzen abschmecken.

Mit feuchten Händen aus der Masse 6 Burger formen und diese auf einem Brett für mindestens 1 Stunde einfrieren.

Die tiefgefrorenen Burger mit etwas Rapsöl bestreichen und von beiden Seiten gleichmäßig braun grillen, dabei einmal wenden.

Burgerbrötchen aufschneiden und die Schnittflächen kurz auf den Grill legen.

Je ½ TL Mayonnaise und Senf auf die Unterseite geben, etwas vermischen und mit Salat belegen.

Burger-Patty darauflegen, Tomaten- sowie Zwiebelscheiben auf das Patty legen und einen Klecks BBQ-Soße darauf geben. Deckel drauf und genießen.

Zutaten

für 6 Burger

- 300 g gekochte Rote Bete
- 1 Dose (400 g) Kidneybohnen, abgespült und abgetropft
- 80 g gekochter Reis
- 1 Knoblauchzehe, fein gehackt
- 1 kleine Zwiebel, fein gehackt
- 75 g Haferflocken, gemahlen
- 1 TL Senf
- 1 TL Kreuzkümmel
- 2 TL Pimentón (geräuchertes Paprikapulver)
- 2 TL Salz
- 1 TL Pfeffer
- Rapsöl zum Bestreichen

AUSSERDEM

- Burgerbrötchen
- Salat
- Tomatenscheiben
- Rote Zwiebel in Scheiben
- Mayonnaise (Rezept Seite 34)
- Senf
- American-BBQ-Sauce (Rezept Seite 38)

Süßkartoffel-
Bohnen-Burger

Rote-Bete-Burger

Soja-Steaks
mit dreierlei Marinaden

✖

Drei peppige Marinaden für leckere Steaks, die Fleischesser neidisch werden lassen.

Vorbereitung in allen Fällen

250 g Soja-Big-Steaks (Trockenprodukt, z.B. von Vantastic Foods) mit kochendem
Wasser übergießen und etwa 20 Minuten einweichen. Normalerweise nehme ich
immer eine stark gewürzte Brühe zum Einweichen, aber da die Steaks anschließend noch würzig mariniert werden, ist das nicht nötig. Wasser abgießen und
die Steaks ganz gründlich ausdrücken. Dies funktioniert sehr gut zwischen zwei
Küchenbrettchen aus Holz. Ich halbiere die Big Steaks nach dem Einweichen, da sie
sonst sehr groß sind. Pro Person sollte man ca. 1 - 1 ½ Big Steaks einplanen.

✖ Rote Grill-Marinade

Zutaten

für 250 g Steaks
- 100 ml neutrales Rapsöl
- 3 EL Wasser
- 4 EL Ketchup
- 1 EL Senf
- 1 TL Agavendicksaft
- 2 EL Grill-Gewürzmischung
(z. B. von Vantastic Foods)
- Salz
- Pfeffer, frisch gemahlen
- Chiliflocken

Zubereitung

Rapsöl mit Wasser, Ketchup und Senf gründlich
mit einem Schneebesen verrühren.

Agavendicksaft und Grill-Gewürzmischung
unterrühren.

Mit Salz, frisch gemahlenem Pfeffer und Chili
pikant abschmecken.

Die Marinade darf ruhig etwas kräftiger gewürzt sein.

Die ausgedrückten Soja-Steaks mindestens
3 Stunden in der Marinade einlegen.

Chimichurri

Zubereitung

Rotweinessig mit Wasser, Zitronensaft und Salz verrühren.

Chiliflocken, Knoblauch, Zwiebel und die Kräuter hinzufügen und vermischen.

Olivenöl unterrühren und mit frisch gemahlenem Pfeffer und evtl. noch etwas Salz abschmecken.

Eine halbe Tasse (125 ml) Chimichurri abfüllen, zur Seite stellen und später als Soße zu den gegrillten Soja-Steaks servieren.

Die ausgedrückten Soja-Steaks mindestens 4-6 Stunden, besser über Nacht marinieren.

Zutaten

für 250 g Steaks

- 75 ml Rotweinessig
- 75 ml Wasser
- Saft von 1 Zitrone
- 1 TL Salz
- ¾ TL Chiliflocken
- 5 Knoblauchzehen, fein gehackt
- 1 kleine Zwiebel, fein gewürfelt
- 1 Bund glatte Petersilie, fein gehackt
- 2 EL Oregano-Blätter, gehackt oder 2 TL Oregano, getrocknet
- 250 ml Olivenöl
- Pfeffer, frisch gemahlen

Knoblauch-Kräuter-Marinade

Zubereitung

Alle Zutaten mit einem Schneebesen verrühren und kräftig abschmecken.

Die ausgedrückten Soja-Steaks für mindestens 3-4 Stunden darin marinieren.

Zutaten

für 250 g Steaks

- 100 ml Rapsöl
- 2 EL Gyros-Gewürzmischung (z. B. von Vantastic Foods)
- 2 TL getrockneter Thymian
- 1 EL glatte Petersilie, fein gehackt
- 2-3 Knoblauchzehen, zerdrückt

BBQ-Steaks aus Seitan

Diese pflanzlichen Steaks konnten bisher auch Fleischesser restlos überzeugen.

Zubereitung

Seitan-Fix mit Pfeffer, Pimentón und Chili in einer Schüssel vermischen.

Gemüsebrühe, Knoblauch, Tahini, Liquid Smoke und Sojasoße hinzufügen und rasch zu einem Teig vermengen. Nicht zu lange kneten, da die Steaks sonst eher fest werden.

Teig in 8 Portionen teilen und zu Steaks flach drücken.

Eine große rechteckige Auflaufform oder ein tiefes Backblech leicht einölen und die Steaks hineinlegen. Dabei noch mal flach drücken und in Form ziehen.

Die Stücke dürfen ruhig unregelmäßig geformt sein.

Im vorgeheizten Backofen bei 175 °C Umluft etwa 20 Minuten backen.

Steaks mit American-BBQ-Sauce bestreichen und von beiden Seiten knusprig grillen, dabei einmal wenden.

Zutaten

für 8 Steaks

- 240 g Seitan-Fix (Gluten)
- 2 TL Pfeffer, gemahlen
- 4 TL Pimentón (geräuchertes Paprikapulver)
- 1 Prise Chili, gemahlen
- 400 ml Gemüsebrühe
- 4 Knoblauchzehen, fein gehackt
- 3 EL Tahini
- 2 TL Liquid Smoke
- 2 EL Sojasoße
- American-BBQ-Sauce (Rezept Seite 38)

Tofu-Seitan-Bratwürstchen

Vegane Bratwurst lässt sich ganz leicht selber machen und enthält viel weniger ungesundes Salz als Fertigprodukte.

Zutaten

für 14 kleine Bratwürstchen

- 200 g Tofu
- 200 ml Wasser
- 50 ml Rapsöl + 1 EL zum Braten
- 1 Zwiebel, gewürfelt
- 3 TL Majoran
- ½ TL Muskat
- 3 TL Senf
- 1 ½ TL Salz
- 1 TL Pfeffer
- 140 g Seitan-Fix
- Rapsöl zum Grillen

Zubereitung

Zwiebelwürfel in 1 EL Rapsöl goldbraun anschwitzen.

Tofu mit Wasser, Rapsöl und Zwiebelwürfeln pürieren, dann die Gewürze unterrühren.

Seitan-Fix esslöffelweise hinzugeben, zunächst unterrühren und dann gründlich verkneten, bis eine homogene Masse entstanden ist.

Aus der Masse 14 kleine Würstchen formen. Dazu jede Portion gut mit den Händen kneten und dann zu Würstchen rollen.

Jedes Würstchen auf ein Stück Alufolie legen, einrollen und die Enden wie bei einem Bonbon fest eindrehen.

In einem großen flachen Topf Wasser zum Kochen bringen, Temperatur etwas herunterdrehen und die Würstchen hineingeben.

Bei mittlerer Temperatur ca. 45 Minuten sieden.

Die Würstchen aus dem Wasser nehmen und abkühlen lassen.

Gründlich mit Rapsöl bestreichen und von allen Seiten braun grillen. Zwischendurch ab und zu mit Rapsöl bestreichen, damit die Würstchen nicht trocken werden.

Tempeh-Spieße

Der leicht nussig schmeckende Tempeh erhält durch die Gewürze eine dezente orientalische Note.

Zubereitung

Tempeh in 30 Würfel schneiden.

Die restlichen Zutaten in einer Schüssel zu einer Marinade verrühren und den Tempeh über Nacht darin abgedeckt ziehen lassen.

Holzspieße für 15 Minuten in Wasser legen, damit sie auf dem Grill nicht anbrennen, dann die Tempeh-Würfel auf die Spieße stecken.

Die Tempeh-Spieße von allen Seiten gleichmäßig braun grillen.

Zutaten

für 6 kleine Spieße

- 250 g Tempeh
- 6 EL Ketjap Manis (süße indonesische Sojasoße)
- 3 EL Olivenöl
- ½ TL Kreuzkümmel
- ½ TL Koriander
- 1 TL Salz
- 1 EL Zitronensaft
- 3 Knoblauchzehen, fein gehackt
- 6 Holzspieße

Schaschlikspieße

Diese veganen Schaschlikspieße müssen sich keinesfalls hinter dem Original verstecken.

Zutaten

für 8 Portionen

- 1 Packung Soja-Rinderfilets (von Vantastic Foods)
- 2-3 Paprikaschoten, gewürfelt
- 2 große Zwiebeln, grob gewürfelt
- 100 ml Rapsöl
- 50 ml Wasser
- Saft von ½ Zitrone
- 2 EL Sojasoße
- 2 EL Tomatenmark
- 3 Knoblauchzehen, fein gehackt
- 2 TL Paprikapulver, rosenscharf
- ½ TL Cayennepfeffer
- Salz
- 8 Holzspieße

Zubereitung

Soja-Rinderfilets mit kochendem Wasser übergießen und etwa 10 Minuten ziehen lassen, dann sehr gut ausdrücken.

Rapsöl mit Wasser, Zitronensaft, Sojasoße und Tomatenmark gut verrühren.

Knoblauch, Paprika und Cayennepfeffer hinzufügen und mit Salz abschmecken.

Soja-Rinderfilets in die Marinade geben und im Kühlschrank für mindestens 4 Stunden ziehen lassen.

Holzspieße für 15 Minuten in kaltes Wasser legen, damit sie auf dem Grill nicht anbrennen.

Abwechselnd Paprika, Zwiebeln und Soja-Rinderfilet auf die Spieße stecken.

Mit der Marinade bestreichen und von allen Seiten etwa 10-15 Minuten grillen.

Ananas-Tofu-Spieße
mit Pfirsich-Barbecue-Soße

Fruchtige Spieße mit würziger Soße.

Zubereitung

Tofu abtropfen lassen und auf einen Teller legen. Ein Brett oder einen Teller drauflegen und mit einem Gewicht (z. B. große Konservendose) beschweren, um die Flüssigkeit aus dem Tofu zu pressen. Etwa 20-30 Minuten stehen lassen.

In der Zwischenzeit den Pfirsich häuten. Dazu die Frucht auf der Unterseite kreuzförmig einritzen und kurz mit kochendem Wasser überbrühen, dann die Haut mit einem spitzen Messer abziehen.

Pfirsich pürieren und mit der BBQ-Sauce verrühren. Evtl. mit etwas Agavendicksaft abschmecken.

Tofu in ca. 2 cm große Würfel schneiden und in eine Schüssel geben.

Einen Teil der BBQ-Sauce dazugeben, sodass der Tofu bedeckt ist, und vermengen. Abgedeckt im Kühlschrank mindestens 5 Stunden, besser über Nacht, marinieren.

Holzspieße für 15 Minuten in kaltes Wasser legen, damit sie auf dem Grill nicht anbrennen.

Tofu, Ananas, Paprika und Zwiebel im Wechsel auf die Spieße stecken und mit BBQ-Sauce bestreichen.

Auf dem geölten Rost insgesamt etwa 8 Minuten grillen, dabei regelmäßig wenden.

Mit der restlichen BBQ-Sauce servieren.

Zutaten

für 6-8 Portionen

- 300 g Tofu, natur
- 1 Ananas, in Würfeln
- 1 grüne Paprika, in Würfeln
- 1-2 rote Zwiebeln, geviertelt und in Scheiben
- 2 Portionen American-BBQ-Sauce (Rezept Seite 38)
- 1 Pfirsich
- Optional: etwas Agavendicksaft
- 6-8 Holzspieße

Schaschlikspieße

Ananas-Tofu-Spieße
mit Pfirsich-Barbecue-Soße

Gegrillte Tofuscheiben
in Teriyaki-Ingwer-Marinade

Hier ist wichtig, dass der Tofu in der Marinade gut durchzieht.

Zubereitung

Tofu gut abtupfen und jeden Block längs in 2-3 Scheiben schneiden.

Die restlichen Zutaten gut verrühren und die Tofuscheiben darin einlegen. Im Kühlschrank über Nacht marinieren.

Von beiden Seiten knusprig braun grillen, dabei einmal wenden.

Zutaten

für 4-6 Portionen

- 400 g Tofu, natur
- 200 ml Teriyaki-Soße (z. B. im Asialaden erhältlich)
- 50 ml Rapsöl
- 3 Knoblauchzehen, fein gehackt
- 1 Stück Ingwer (ca. 2 cm), geschält und fein gehackt
- 2 EL Ahornsirup
- 1 EL Agavendicksaft

Gemüse-Allerlei
vom Grill

Mediterrane Gemüsepäckchen

Eine tolle Alternative zu Alufolie sind Bananenblätter,
aber leider sind diese nur schwer zu bekommen.

Zutaten

für 6-8 Portionen

- 1 kleine Zucchini, in Scheiben
- 1 kleine Aubergine, gewürfelt
- 1 gelbe Paprikaschote, gewürfelt
- 2 rote Zwiebeln, in Streifen
- 150 g Champignons, geviertelt
- 4 EL Olivenöl
- Saft von ½ Zitrone
- 2 TL Thymian, getrocknet
- 1 TL Rosmarin, gehackt
- 1 TL Oregano, getrocknet
- 2-3 Knoblauchzehen, fein gehackt
- Salz
- Pfeffer, frisch gemahlen

Zubereitung

Gemüse in einer Schüssel vermischen.

In einer kleinen Schüssel Olivenöl mit Zitronen-saft, Kräutern und Knoblauch verrühren und mit Salz und Pfeffer abschmecken.

Marinade zum Gemüse geben und vorsichtig vermischen.

6-8 Stücke Alufolie bereitlegen und die Gemüse-mischung gleichmäßig darauf verteilen.

Folie über dem Gemüse verschließen und etwa 15 Minuten grillen.

Mit Joghurt-Knoblauch-Dip (Rezept Seite 26) oder Paprika-Pesto (Rezept Seite 21) servieren.

Würzige Süßkartoffelscheiben

Geräuchertes Paprikapulver ist das Geheimnis dieses Rezepts.

Zutaten

für 6-8 Portionen

- 3 mittelgroße Süßkartoffeln
- 5 EL Olivenöl
- ½ TL Kreuzkümmel
- ¼ TL Pimentón (geräuchertes Paprikapulver)
- ¼ TL Cayennepfeffer
- ½ TL Salz
- ¼ TL Pfeffer, frisch gemahlen
- Saft von 2 Limetten

Zubereitung

Süßkartoffeln in einem Topf etwa 8-10 Minuten bissfest kochen.

Abkühlen lassen und in Scheiben schneiden.

Öl mit Gewürzen und Salz verrühren und mit den Süßkartoffelscheiben vermischen.

Im Kühlschrank mindestens 1 Stunde ziehen lassen.

Süßkartoffelscheiben mit direkter Hitze von jeder Seite etwa 5 Minuten grillen.

Vor dem Servieren etwas Limettensaft darüber träufeln.

Kartoffelhälften mit Knoblauch

Eine leckere Alternative zur altbewährten Folienkartoffel.

Zubereitung

Kartoffeln waschen, trocken tupfen und längs halbieren.

Mit der Schale nach unten auf ein Stück Alufolie setzen und Knoblauch und Alsan auf den Schnittflächen verteilen.

Mit etwas Salz und Pfeffer würzen.

Fest in die Folie einschlagen und mit der Unterseite auf den Grill legen.

Bei geschlossenem Deckel etwa 15-20 Minuten garen, bis die Kartoffeln weich sind.

Zutaten

für 8 Stück

- 4 große, längliche Kartoffeln (festkochend)
- 5 Knoblauchzehen, in feinen Scheiben
- 3 EL Alsan, in Flöckchen
- Salz
- Pfeffer, frisch gemahlen

Gebackene Süßkartoffeln

Frisch vom Grill haben diese Süßkartoffeln ein unvergleichliches Aroma.

Zubereitung

Süßkartoffeln schälen und in einem Topf etwa 10-15 Minuten bissfest garen – die Kartoffeln sollen innen noch fest sein.

Abkühlen lassen und mit einem großen Messer der Länge nach achteln.

Die Süßkartoffelspalten in eine große Schüssel geben und mit Rapsöl und den Gewürzen vermischen.

Auf dem Grill bei mittlerer Hitze von allen Seiten bräunen, dabei häufiger wenden, damit die Kartoffeln ein typisches Grill-Muster erhalten.

Anschließend die Kartoffeln an den Rand legen und noch einige Minuten mit geschlossenem Deckel garen, bis sie weich sind.

Zutaten

für 6 Portionen

- 3 große Süßkartoffeln
- 2 EL Rapsöl
- 1 TL Paprika, rosenscharf
- ½ TL Cayennepfeffer
- ¼ TL Salz
- Pfeffer, frisch gemahlen

Gefüllte Zucchini

Zucchini mal nicht mit Reis, sondern mit Quinoa, dem Superkorn der Inkas.

Zutaten

für 8 Zucchini-Schiffchen

- 4 kleine Zucchini
- Olivenöl
- 150 g Quinoa, gekocht
- 100 g Kirschtomaten, halbiert oder geviertelt
- ½ Bund Basilikum, fein gehackt
- Salz
- Pfeffer, frisch gemahlen
- Crema di Balsamico

Zubereitung

Zucchini halbieren und mit einem Teelöffel etwas aushöhlen.

Fruchtfleisch fein hacken und mit gekochter Quinoa, Kirschtomaten und Basilikum in einer Schüssel mischen.

1 EL Olivenöl dazugeben und mit Salz und Pfeffer abschmecken.

Die Zucchini innen und außen mit etwas Olivenöl bepinseln und von beiden Seiten für 3-4 Minuten grillen.

Zucchini vom Grill nehmen, mit Quinoamischung füllen und mit Crema di Balsamico beträufeln.

Gefüllte Champignons

Mais, Bohnen und Jalapeños sorgen für einen mexikanischen Touch.

Zubereitung

Stiele aus den Champignons herausdrehen.

Kirschtomaten mit Mais, schwarzen Bohnen, Jalapeños und Knoblauch mischen.

Limettensaft, Kreuzkümmel und Paprika hinzufügen und die Mischung kräftig mit Salz und frisch gemahlenem Pfeffer abschmecken.

Mithilfe eines kleinen Löffels die Füllung auf die Champignons verteilen.

Die gefüllten Champignons bei geschlossenem Deckel etwa 5-8 Minuten grillen.

Zutaten

für 4-6 Portionen

- 400 g große braune Champions
- 100 g Kirschtomaten, gehackt
- 4 EL Maiskörner
- 5 EL schwarze Bohnen
- 1 EL eingelegte Jalapeño-Scheiben, fein gehackt
- 4 Knoblauchzehen, fein gehackt
- Saft von ½ Limette
- 1 TL Kreuzkümmel
- ¾ TL Paprika, rosenscharf
- Salz
- Pfeffer, frisch gemahlen

Gefüllte
Zucchini

Gefüllte
Champignons

Gefüllte Spitzpaprika mit veganem Frischkäse

Gefüllte Spitzpaprika
mit veganem Frischkäse

Kaum vom »Original« zu unterscheiden. Der Aufwand lohnt sich wirklich.

Zutaten

für 6 Portionen

- 6 mittelgroße Spitzpaprika
- Rapsöl zum Bestreichen
- 2 l Sojamilch, ungesüßt
- 6 EL Zitronensaft
- 1 EL Olivenöl
- 4-5 Knoblauchzehen, fein gehackt
- 1 TL Salz
- ½ Bund glatte Petersilie, fein gehackt
- ½ Bund Schnittlauch, fein gehackt

Zubereitung

Sojamilch mit Zitronensaft aufkochen, sodass die Mischung ausflockt.

Ein Haarsieb mit einem Geschirrtuch auslegen und die Mischung hineingießen. Gut geeignet sind auch Nussmilchbeutel.

Etwa 30 Minuten abtropfen lassen und anschließend ausdrücken.

Die abgetropfte Masse in eine Schüssel geben und mit Olivenöl, Knoblauch, Salz und Kräutern verrühren.

Für 4 Stunden in den Kühlschrank stellen und nochmals mit Salz abschmecken.

Deckel der Spitzpaprika abschneiden und Kerne entfernen.

Den Soja-Frischkäse mit einem Teelöffel in die Paprikaschoten füllen und den Deckel mit Zahnstochern fixieren.

Spitzpaprika mit etwas Rapsöl bestreichen und von allen Seiten gleichmäßig etwa 10 Minuten grillen.

Orientalische Gemüsespieße

Der Beweis, dass Gemüsespieße alles andere als fad und langweilig sein müssen.

Zubereitung

Zucchini in ½ cm dicke Scheiben schneiden.

Paprika und Zwiebel in Würfel von etwa 2 cm schneiden.

Champignons abreiben und evtl. etwas vom Stiel wegschneiden.

Olivenöl, Zitronensaft, Knoblauch und Gewürze in einen Mixer geben und fein pürieren.

Petersilie dazugeben und vermischen. Alternativ kann die Petersilie auch im Mixer kurz zerkleinert werden, dann aber aufpassen, dass sie nicht ebenfalls püriert wird.

Gemüse in eine große Schüssel geben und die Marinade darüber gießen.

Gut vermischen und verschlossen im Kühlschrank mindestens 3 Stunden, besser über Nacht, ziehen lassen.

Gemüse im Wechsel auf Spieße stecken. Holzspieße vorher 15 Minuten in kaltes Wasser legen, damit sie auf dem Grill nicht anbrennen.

Auf einem leicht eingeölten Rost 8-10 Minuten grillen, dabei regelmäßig wenden, damit das Gemüse von allen Seiten gleichmäßig bräunt.

Mit Joghurt-Knoblauch-Dip (Rezept Seite 26) servieren.

Zutaten

für 10-12 Spieße

- 3 kleine Zucchini
- 1 rote Paprika
- 1 gelbe Paprika
- 2 große Zwiebeln
- 400 g kleine Champignons
- 10-12 Holzspieße

MARINADE

- 5 EL Olivenöl
- Saft von 1 Zitrone
- 2-3 Knoblauchzehen
- 1 TL Kreuzkümmel, gemahlen
- ½ TL Koriander, gemahlen
- ½ TL Paprika, rosenscharf
- ¼ TL Curry, süß
- ¼ TL Chiliflocken
- 1 TL Salz
- ½ TL Pfeffer, frisch gemahlen
- 1 Bund glatte Petersilie, fein gehackt

Gegrillte Maiskolben
mit Korianderbutter

Wer behauptet, gegrillte Maiskolben seien langweilig,
hat noch nicht diese Variante probiert.

Zutaten

für 6-8 Portionen

- 4 große Maiskolben
- 100 g Alsan
- ½ Bund Koriander, fein gehackt
- 1 rote Zwiebel, fein gehackt
- 1 Knoblauchzehe, fein gehackt
- ¼ TL Kreuzkümmel
- Salz
- Etwas Rapsöl zum Bepinseln

Zubereitung

Maiskolben mit einem scharfen Messer jeweils in drei Stücke schneiden, dabei die Enden entfernen.

In einem Topf mit Salzwasser etwa 10 Minuten kochen lassen.

In der Zwischenzeit Alsan mit Koriander, Zwiebel, Knoblauch und Kreuzkümmel mischen und mit Salz abschmecken.

Maiskolben abtropfen und dünn mit Rapsöl bepinseln.

Von allen Seiten goldbraun grillen und vor dem Servieren großzügig mit Korianderbutter bestreichen. Restliche Korianderbutter dazu servieren.

Gegrillte Fenchelscheiben

Mariniert & gegrillt ist Fenchel ein absoluter Genuss.

Zutaten

für 6 Portionen

- 3 Fenchelknollen mit Fenchelgrün
- Schale und Saft von 1 Bio-Zitrone
- 1 ½ TL Salz
- 4 EL Olivenöl
- Aioli (Rezept Seite 37)

Zubereitung

Fenchelknolle putzen, vierteln und den Strunk entfernen.

In dicke Scheiben schneiden.

Fenchelgrün fein hacken.

Zitronenschale fein reiben, Saft auspressen und beides mit Olivenöl, Salz und Fenchelgrün verrühren.

Fenchelscheiben zusammen mit der Marinade in einen verschließbaren Behälter oder Gefrierbeutel geben und gründlich mischen.

Die Fenchelscheiben von beiden Seiten 6-10 Minuten grillen.

Mit Aioli servieren.

Grillgemüse mit Balsamico

Zartes Gemüse und ein Hauch von Balsamico sind eine großartige Kombination.

Zubereitung

Gemüse in eine Schüssel geben, mit Olivenöl, Balsamicoessig und Gewürzen vermischen.

Die Mischung in eine Gemüsepfanne oder einen Gemüsekorb geben und bei geschlossenem Deckel etwa 10-15 Minuten grillen. Dabei regelmäßig wenden, damit das Gemüse nicht anbrennt.

Zutaten

für 4 Portionen

- 200 g Champignons halbiert oder geviertelt (je nach Größe)
- 125 g Kirschtomaten
- 2 kleine Zucchini, in Scheiben
- 1 Handvoll grüne Bohnen, geputzt und halbiert
- 1 rote Zwiebel, in groben Stücken
- 6-8 Knoblauchzehen ohne Schale
- 1 TL Olivenöl
- 1 TL Balsamicoessig
- ¼ TL Pimentón (geräuchertes Paprikapulver)
- Salz
- Pfeffer, frisch gemahlen

Gegrillte Avocado
mit Tomatensalsa

Die Anregung für dieses Rezept stammt von meiner lieben Freundin Gabi.

Zubereitung

Avocados halbieren und Kerne entfernen.

Tomatenwürfel mit Frühlingszwiebeln, Knoblauch, Petersilie, Limettensaft und 1 TL Olivenöl mischen und mit Salz und Pfeffer abschmecken.

Die Avocadohälften gründlich mit Olivenöl bepinseln und für etwa 3-4 Minuten mit der Schnittfläche nach unten auf den Grill legen.

Etwas Salz und Pfeffer auf die gegrillten Avocadohälften geben und mit Tomatensalsa füllen.

Zutaten

für 4 Portionen

- 4 Avocados
- Olivenöl
- 3 Tomaten, fein gewürfelt
- 2 Frühlingszwiebeln, in feinen Ringen
- 2 Knoblauchzehen, fein gehackt
- ½ Bund glatte Petersilie, fein gehackt
- 1 EL Limettensaft
- Salz
- Pfeffer, frisch gemahlen

Mini-Fladen
vom Grill

Brot & Co.

Focaccia mit Kirschtomaten

Lässt sich mit einem Pizzastein direkt auf dem Grill backen.

Zutaten

für 6 Portionen

- 250 ml Wasser, lauwarm
- 1 Päckchen Trockenhefe
- 1 TL Zucker
- 500 g Weizenmehl
- 1 TL Salz
- 4 El Olivenöl plus Olivenöl zum Beträufeln
- 125 g Kirschtomaten
- 2 rote Zwiebeln
- 1 TL grobes Meersalz

Zubereitung

Wasser, Trockenhefe und Zucker verrühren und etwa 10 Minuten stehen lassen.

Mehl und Salz in einer großen Schüssel mischen.

Hefemischung und Olivenöl zufügen und etwa 10 Minuten gründlich verkneten.

Abgedeckt an einem warmen Ort etwa 1 Stunde gehen lassen.

In der Zwischenzeit den Pizzastein zum Aufheizen auf den Grill legen oder einfach im Backofen nach Anweisung aufheizen.

Den Teig noch mal durchkneten und auf leicht bemehltem Backpapier kreisförmig ausrollen.

Abdeckt noch mal 30 Minuten gehen lassen.

Mit dem Finger gleichmäßig kleine Mulden in den Teig drücken und die Kirschtomaten hineingeben.

Die Zwiebeln halbieren und dann in Ringe schneiden. Zusammen mit dem Meersalz auf dem Teig verteilen und die Focaccia großzügig mit Olivenöl beträufeln.

Den Pizzastein auf den Grill legen und die Focaccia mit dem Backpapier darauflegen.

Im geschlossenen Grill etwa 10 Minuten goldbraun backen.

Falls kein Pizzastein vorhanden ist, kann man die Focaccia auch bei 200 °C Ober- und Unterhitze etwa 15 Minuten im Ofen backen. Hier unbedingt zwischendurch nachschauen.

Faltenbrot
mit Basilikum-Butter

Dieses Brot ist ein Hingucker auf jedem Grillbuffet.

Zutaten

für 8 Portionen

TEIG

- 300 g lauwarmes Wasser
- 1 Päckchen Trockenhefe
- ½ TL Zucker
- 600 g Weizenmehl
- 2 ½ TL Salz
- 50 ml Olivenöl

FÜLLUNG

- 2 Knoblauchzehen, fein gehackt
- ½ Bund Basilikum, fein gehackt
- 1 EL Tomatenmark
- 100 g »Alsan«
- Salz
- Pfeffer, frisch gemahlen

Zubereitung

Trockenhefe, Zucker und lauwarmes Wasser gründlich vermischen und etwa 10 Minuten stehen lassen.

Mehl mit Salz, Hefemischung und Olivenöl in eine Schüssel geben und gründlich mit dem Mixer oder in der Küchenmaschine verkneten.

Abgedeckt an einem warmen Ort etwa 30 Minuten gehen lassen, bis sich das Volumen des Teiges deutlich vergrößert hat.

In der Zwischenzeit in einer kleinen Schüssel »Alsan« mit Knoblauch, Basilikum und Tomatenmark vermischen und mit Salz und frisch gemahlenem Pfeffer abschmecken.

Den Teig auf der bemehlten Arbeitsfläche zu einem Rechteck ausrollen und die Basilikumbutter gleichmäßig daraufstreichen.

Den Teig in 2-3 cm breite Streifen schneiden und diese wie eine Ziehharmonika auffalten.

Die Streifen hochkant in eine Springform setzen und im vorgeheizten Backofen bei 180 ˚C ca. 20 Minuten backen.

Mini-Fladen vom Grill

Portionsweise lassen sich diese kleinen Brote fix grillen.

Zubereitung

Wasser, Trockenhefe und Zucker verrühren und etwa 10 Minuten stehen lassen.

Mehl und Salz in einer großen Schüssel mischen.

Hefemischung und Olivenöl hinzufügen und etwa 10 Minuten gründlich verkneten.

Abgedeckt etwa 1 Stunde gehen lassen.

Den Teig noch mal durchkneten und in 10 Portionen teilen.

Zu Fladen formen, mit etwas Olivenöl bestreichen und auf einem gut geölten Rost von jeder Seite etwa 4-5 Minuten grillen.

Zutaten

für 10 kleine Fladenbrote

- 250 ml lauwarmes Wasser
- 1 Päckchen Trockenhefe
- 1 TL Zucker
- 500 g Mehl
- 2 TL Salz
- 8 EL Olivenöl plus Olivenöl zum Bestreichen

Für etwas Abwechslung 2 TL getrocknete Kräutermischung zum Teig geben.

Rosmarin-Knoblauch-Brötchen

Diese aromatischen Brötchen schmecken lauwarm am besten.

Zutaten

für 24 kleine Brötchen

- 500 g Mehl
- 1 Päckchen Trockenhefe
- ½ TL Zucker
- 2 TL Salz
- 2 große Knoblauchzehen, fein gehackt
- 2 TL Rosmarinnadeln, fein gehackt
- 100 g Margarine
- 200 ml Pflanzenmilch
- 160 ml Wasser

Zubereitung

Mehl mit Trockenhefe, Zucker, Salz, Rosmarin und Knoblauch in eine große Schüssel geben.

Pflanzenmilch mit Wasser erwärmen und Magarine darin schmelzen.

Zur Mehlmischung geben und mit einem Handrührgerät und Knethaken zu einem elastischen Teig kneten.

Abgedeckt an einem warmen Ort etwa 1 Stunde gehen lassen.

Teig noch mal durchkneten, zu 24 kleinen Brötchen formen und auf ein gefettetes oder mit Backpapier ausgelegtes Backblech legen.

Im vorgeheizten Ofen bei 180 °C Umluft auf mittlerer Schiene etwa 10-12 Minuten backen. Vorsicht, die Brötchen sollen nicht zu dunkel werden.

Besonders gleichmäßig werden die Brötchen, wenn man sie zum Backen in ein gefettetes Blech für 12 Muffins setzt.

Dünnes Fladenbrot

Diese Fladen sind schnell zubereitet, da sie ganz ohne Hefe auskommen.

Zubereitung

Alle Zutaten in eine große Schüssel geben und mit einem Handrührgerät mit Knethaken oder in einer Küchenmaschine zu einem glatten Teig verkneten.

Teig auf eine bemehlte Arbeitsfläche geben, in 8 Stücke teilen und zu Kugeln formen.

Die Kugeln flach drücken und mit einer Teigrolle zu etwa 10-12 cm großen Kreisen ausrollen.

Eine Pfanne erhitzen und die Teigfladen ohne Zugabe von Öl von beiden Seiten jeweils 1-2 Minuten backen.

Die fertigen Fladen bis zum Servieren mit einem sauberen, leicht angefeuchteten Küchentuch abdecken.

Zutaten

für 8 Stück

- 250 g Mehl
- 1 Päckchen Backpulver
- ¼ TL Salz
- 100 ml Wasser
- 100 ml Pflanzenmilch
- 2 EL Olivenöl

Das Fladenbrot lässt sich perfekt in einer Grillpfanne direkt auf dem Grill zubereiten.

Gefüllte Zwiebelstange

Köstliche Baguettevariante mit frischen & gerösteten Zwiebeln.

Zubereitung

Mehl mit Trockenhefe, Zucker und 1 TL Salz in eine große Schüssel geben.

Lauwarmes Wasser und Olivenöl dazugeben und mit dem Mixer oder in der Küchenmaschine gründlich zu einem elastischen Teig verkneten.

Abgedeckt an einem warmen Ort etwa 30 Minuten gehen lassen.

In der Zwischenzeit Alsan schmelzen und mit Zwiebelwürfeln, Röstzwiebeln und 1 TL Salz mischen.

Teig noch mal kurz durchkneten und auf einem mit Backpapier ausgelegten Backblech ausrollen.

Alsan-Mischung auf den Teig streichen und von der langen Seite her aufrollen, sodass eine lange Brotstange entsteht.

Die Oberfläche mit einem scharfen Messer schräg einschneiden.

Im vorgeheizten Backofen bei 175 °C Umluft ca. 20-25 Minuten backen.

Zutaten

für eine Zwiebelstange

- 250 g Mehl
- 1 Päckchen Trockenhefe
- 1 Prise Zucker
- 1 TL Salz
- 150 ml lauwarmes Wasser
- 3 EL Olivenöl
- 75 g Alsan
- 1 rote Zwiebel, gewürfelt
- 5 EL Röstzwiebeln
- 1 TL Salz

Knuspriges
Rosmarin-Baguette

Kartoffeln sind das Geheimnis dieses lockeren Teigs.

Zutaten

für 2 Baguettes

- 200 ml lauwarmes Wasser
- 1 Päckchen Trockenhefe
- ½ TL Zucker
- 450 g Mehl
- 1 TL Salz
- 100 g gekochte Kartoffeln, zerdrückt
- 2 TL Rosmarin, fein gehackt

Zubereitung

Wasser, Trockenhefe und Zucker verrühren und einige Minuten stehen lassen.

Mehl, Salz und zerdrückte Kartoffeln in einer großen Schüssel mischen.

Hefemischung hinzufügen und alles etwa 10 Minuten gründlich verkneten.

Rosmarin dazugeben und ebenfalls verkneten.

Abgedeckt etwa eine Stunde gehen lassen.

Auf bemehlter Arbeitsfläche zu zwei länglichen Baguettes formen und mit einem Tuch bedeckt weitere 30 Minuten gehen lassen.

Im vorgeheizten Ofen bei 220 °C Ober- und Unterhitze etwa 15-20 Minuten backen.

Zu Beginn der Backzeit 150 ml Wasser auf den Boden des Ofens gießen, der Dampf sorgt für eine schöne Kruste.

Olivenbrot (glutenfrei)

Außen knusprig und innen locker, genau so, wie Brot sein sollte. Dieses glutenfreie Brot war übrigens bei unserem letzten Grillabend als Erstes verputzt.

Zubereitung

Glutenfreie Mehlmischung und Salz in eine große
Schüssel oder in die Küchenmaschine geben.

Trockenhefe und Zucker mit lauwarmem Wasser
verrühren und etwa 5 Minuten stehen lassen.

Hefe-Wasser-Gemisch, Olivenöl und Oliven zum
Mehl geben und gründlich verkneten.

Teig in eine kleine Springform (18 cm) geben und
mit einem Küchentuch abgedeckt über Nacht im
Kühlschrank gehen lassen.

Brot im vorgeheizten Ofen bei 180 °C Umluft etwa
20-25 Minuten backen.

Nach dem Auskühlen aus der Form nehmen und
in Scheiben schneiden. Da die Scheiben recht
groß sind, halbiere ich diese noch mal.

Zutaten

für 1 kleines Brot

- 400 g glutenfreie Mehlmischung
  (z. B. von Schär)

- 1 TL Salz

- 1 Päckchen Trockenhefe

- ½ TL Zucker

- 300 ml lauwarmes Wasser

- 2 EL Olivenöl

- 2 Handvoll schwarze Oliven
  ohne Stein, zerkleinert

Vor dem Backen zusätzlich 6-8
getrocknete Tomaten in Stücken
zufügen.

Fruchtige Grillspieße

Süßer Abschluss

Grill-Pfirsiche mit Zimt-Butter

Süße Pfirsiche schmecken frisch vom Grill super lecker.

Zutaten

für 6 Portionen

- 6 reife Pfirsiche
- 4 EL Alsan (weich)
- 1 TL Zimt
- 2 TL Rohrzucker
- etwas Rapsöl zum Bestreichen

Zubereitung

Pfirsiche halbieren und den Stein entfernen.

Alsan mit Zimt und Zucker verrühren.

Schnittflächen der Pfirsiche mit etwas Rapsöl bestreichen und auf den Grill legen.

In etwa 5 Minuten goldbraun grillen, bis die Pfirsiche gegart sind.

Zum Servieren auf jede Pfirsichhälfte einen Klecks Zimtbutter geben.

Kubanische Ananas

Eigentlich verzichte ich in meinen Rezepten auf Alkohol, aber für diese köstliche Ananas muss ich doch eine Ausnahme machen.

Zutaten

für 8 Portionen

- 1 große Ananas, geschält
- 100 ml brauner Rum, im Idealfall kubanischer
- 50 ml Wasser
- 75 g Rohrzucker
- 1 TL Zimt

Zubereitung

Ananas in 8 Scheiben schneiden, den Strunk entfernen und in eine große Auflaufform oder flache Schüssel legen.

Rum, Wasser, Zucker und Zimt verrühren und über die Ananas-Scheiben geben. Etwa 20 Minuten ziehen lassen.

Ananas-Scheiben über der Form abtropfen lassen und auf einem leicht gefetteten Rost von jeder Seite 2 Minuten grillen.

Die Rum-Marinade in einem kleinen Topf etwa 5-10 Minuten köcheln lassen, und als Soße zusammen mit veganem Vanilleeis zu den gegrillten Ananas-Scheiben servieren.

Banane vom Grill
mit geschmolzener Schokolade

Simpel, aber unglaublich gut.

Zubereitung

Bananen mit der Schale der Länge nach einschneiden.

Zartbitterschokolade in Stücke brechen und in den Einschnitt stecken.

Ohne Deckel etwa 8-10 Minuten grillen, bis die Schokolade geschmolzen ist. Dafür lässt sich die Resthitze gut nutzen.

Zum Essen die Schale etwas auseinanderziehen und einfach auslöffeln.

Zutaten

für 6 Portionen
- 6 mittelgroße Bananen
- 150 g Zartbitterschokolade

Mit veganer Schlagsahne und Vanilleeis dazu wird daraus eine gegrillte Banana-Split-Variante.

Fruchtige Grillspieße

Warum nicht auch mal Obst am Spieß grillen?

Zubereitung

Holzspieße für 15 Minuten in kaltes Wasser legen, damit sie auf dem Grill nicht anbrennen.

In der Zwischenzeit das Obst putzen und gleichmäßig in mundgerechte Stücke schneiden.

Obststücke abwechselnd auf Spieße stecken.

Orangensaft mit Agavendicksaft und Zimt verrühren und die Spieße damit bepinseln.

In etwa 10-15 Minuten bei indirekter Hitze von allen Seiten goldbraun grillen.

Zutaten

für 8-10 Spieße

- 1 Ananas
- 2 Bananen
- 5 Nektarinen
- 5 Pflaumen
- Saft von ½ Orange
- 1 TL Agavendicksaft
- 1 TL Zimt
- 8-10 Holzspieße

✗ Getränke

Wassermelonen–Limonade
mit Basilikum

Melone mit Basilikum – ungewöhnlich lecker.

Zutaten

für 1 Liter

- 500 g Wassermelone (Fruchtfleisch)
- Saft von 3 Zitronen
- 250 ml kaltes Wasser
- 3 EL Agavendicksaft bzw. nach Geschmack
- 1 Handvoll Basilikumblätter
- Eiswürfel

Zubereitung

Wassermelone pürieren und durch ein Haarsieb passieren.

Den Saft mit Zitronensaft und Wasser verrühren und mit Agavendicksaft abschmecken.

Mit Eiswürfeln und fein geschnittenen Basilikumblättern in eine Karaffe geben und servieren.

Ananas-Minz-Limonade

✕

Minze & Ananas – eine fruchtig-frische Kombi.

Zutaten

für ca. 1 ½ Liter:

- 5 Bio-Zitronen
- 1 l Ananassaft
- Agavendicksaft nach Geschmack
- 1 Bund frische Minze
- 500 ml Mineralwasser
- Eiswürfel

Zubereitung

Schale von zwei Bio-Zitronen mit einem Sparschäler spiralförmig abschälen.

Zitronen auspressen, in einer Karaffe mit Ananassaft mischen und eventuell mit Agavendicksaft abschmecken.

Minze hinzugeben und mit Mineralwasser auffüllen.

Vor dem Servieren reichlich Eiswürfel hinzufügen.

Gurken-Ingwer Agua Fresca

✕

Aqua Fresca bedeutet »frisches Wasser« und erfrischend ist dieses aromatisierte Wasser in Tat.

Zutaten

für ca. 1 ½ Liter

- 2 große Gurken, geschält
- 1 cm Ingwer, geschält
- Saft von 2 Zitronen
- 3-4 EL Agavendicksaft
- 1 Prise Salz
- 1,25 Liter kaltes Wasser
- Eiswürfel

Zubereitung

Gurken und Ingwer im Blender fein pürieren und anschließend durch ein Sieb streichen.

Mit Zitronensaft, Agavendicksaft, Salz und Wasser verrühren.

In einer großen Karaffe mit Eiswürfeln servieren.

Erdbeer-Limonade

Mal eine andere Art, frische Erdbeeren zu genießen.

Zubereitung

Erdbeeren putzen, Schale von den Zitronen abreiben, den Saft auspressen.

Pürieren und durch ein Haarsieb in eine Karaffe streichen, damit die Kerne nachher nicht in der Limonade landen.

Wasser und Agavendicksaft dazugeben und gründlich verrühren. Je nach Geschmack noch etwas mehr Agavendicksaft hinzufügen.

Vor dem Servieren Eiswürfel in die Karaffe geben.

Zutaten

für ca. 1 ½ Liter

- 600 g Erdbeeren
- 4 Bio-Zitronen, Saft und Schale
- 100 ml Agavendicksaft
- 1,25 Liter Wasser
- Eiswürfel

Zitronenmelisse-Blättchen in den Eiswürfelformen mit einfrieren und zur Erdbeer-Limonade geben.

Tropic Frizz

Diese Mischung ist besonders bei Kindern beliebt.

Zutaten

für ca. 1 ½ Liter:

- Saft von 6 Zitronen
- 500 ml Ananassaft
- 250 ml Aprikosennektar
- 250 ml Wasser
- 500 ml Ginger Ale
- Agavendicksaft nach Geschmack
- 1 Bio-Zitrone in dünnen Scheiben zum Garnieren
- Eiswürfel

Zubereitung

Zitronensaft, Ananassaft und Aprikosennektar in einer großen Karaffe vermischen.

Wasser und Ginger Ale zugeben und je nach Geschmack mit Agavendicksaft süßen.

Zitronenscheiben und Eiswürfel in die Karaffe geben und servieren.

Die Autorin

Michaela Marmulla, Jahrgang 1973, entwickelte ihre Leidenschaft fürs Kochen & Backen schon als Kind und erhielt während ihrer Hotelfachausbildung im schönen Münsterland einen ersten richtigen Einblick in die Grundlagen der professionellen Küche. Eine Vertiefung ihrer Kochkenntnisse in der Gastronomie kam für die sich damals vegetarisch ernährende Westfälin aus ethischen Gründen nicht infrage.

Also wechselte sie in die Medienbranche, wurde Schauspielagentin und PR-Managerin und erfreute zunächst nur noch Freunde und Familie mit ihren Kochkünsten. Nebenbei berichtete sie als Mitherausgeberin und Redakteurin des Berliner »Fast-Forward Magazine« online über Stars und Sternchen der internationalen Musikszene.

Da sie irgendwann allerdings auch ihre kulinarischen Genüsse und Tipps mit möglichst vielen interessierten Menschen teilen wollte, startete sie – mittlerweile Veganerin geworden – im September 2013 ihre Facebook-Seite »Veganilicious« und konnte sich nach einem halben Jahr bereits über 5.000 Fans freuen.

Im September 2015 erschien Michaela Marmullas erstes Kochbuch »Brunch vegan!« im Unimedica Verlag.

Index

Danksagung

An der Entstehung dieses Buchs waren viele großartige Menschen beteiligt. Deshalb sage ich:

Danke an meine treuen Leser und Facebook-Fans von „Veganilicious" für ihre Unterstützung, ihre Kommentare, Lob & Anregungen und natürlich auch für ihre Kritik.

Danke an Katrin Sigwart, Christina Kimmig, Elisabeth Zumkehr und natürlich das ganze Team vom Narayana Verlag für die tolle Zusammenarbeit und Betreuung.

Danke an meine Lektorin Eva Siegmund für ihre Geduld, insbesondere mit dem „Parsley-Problem".

Danke an Jörg Wilhelm & Nicole Meier für die wunderbaren Fotos.

Danke an meine Familie und an Gabi, Angi & Sabine – sie wissen schon warum – und natürlich auch an Sascha Kuflik für den Stein des Anstoßes auf meinem Weg zum Vegan-Werden.

Danke an Christina Lukacs von Róka - fair clothing für die tollen T-Shirts.

Bezugsquellen

Die meisten der im Buch erwähnten Produkte wie Quinoa, Reisessig oder verschiedene Gewürze sind in gängigen Naturkostläden erhältlich.

Sie können sie auch direkt über unseren Online-Shop www.unimedica.de in der Kategorie »Gesunde Ernährung« erhalten. Dort finden Sie ein großes Sortiment an Naturkostprodukten. Auch die für die Rezepte notwendigen Küchengeräte sind dort erhältlich.

Michaela Marmulla

Brunch vegan!

152 Seiten, geb., € 19,80

Mit 75 genialen Rezepten von Mini-Frikadellen bis Schoko-Erdnussbutter-Cupcakes.

Für alle leidenschaftlichen Brunch-Fans, die sich und ihre Lieben am Wochenende gern ausgiebig, aber rein pflanzlich verwöhnen möchten, ist Brunch vegan! ein wahrer Glücksgriff. Es enthält eine Vielfalt leckerer, schneller und unkomplizierter veganer Schlemmerbrunchrezepte, die leicht gelingen und garantiert jeden begeistern.

Ob für drinnen oder draußen, klassisch oder ausgefallen, pikant, herzhaft oder süß: Michaela Marmullas Rezepte beinhalten abwechslungsreiche Aufstriche und verlockendes Fingerfood ebenso wie verschiedenste Frühstücksbrötchen, vegane Bratenvariationen, Salate, Suppen, Smoothies, Shakes und Drinks – und natürlich auch jede Menge süße Köstlichkeiten. Dabei setzt sie auf natürliche und einfach erhältliche Zutaten sowie simple Zubereitungsweisen, die Zeit in der Küche sparen.

Ihre Rezepte sind nicht nur eine tolle Inspiration für Genuss in großer Runde zu Hause, sondern eignen sich auch als schöne Geschenkideen, die sich leicht zu Partys oder Picknicks mitbringen lassen und für viele strahlende Gesichter sorgen.

»Kochbücher wie dieses, die auf so vielfältige Weise zeigen, wie vielseitig die vegane Ernährung sein kann und wie einfach sie ist, sind großartig!«

— Anne Menden, Schauspielerin & Sängerin

Angela Liddon

Oh she glows! Das Kochbuch

Über 100 vegane Rezepte, die den Körper zum Strahlen bringen

344 Seiten, geb., € 29,-

Über 100 unwiderstehliche und vollwertige vegane Rezepte von einer der bekanntesten Food-Bloggerinnen. Dieses Buch ist ein Muss für alle, die sich großartig fühlen und einfach strahlen wollen.

Angela Liddon begeistert mit den unterschiedlichsten pflanzlichen Rezepten – vom Brokkoli-Cashew-Käse-Burrito bis hin zu knusprigen Mandelbutter-Chocolate-Chip-Cookies. Sie entwirft frische, innovative Gerichte und veganisiert Klassiker, die sogar Fleischfans lieben werden. Außerdem bietet sie viele Rezepte, die für Allergiker geeignet sind.

Die Rezepte sind in Frühstück, Hauptgerichte, Snacks und Desserts unterteilt, außerdem gibt die Autorin nützliche Tipps zur veganen Vorratshaltung.

»Angela Liddon weiß, dass die besten Köche nur mit den frischesten Zutaten arbeiten. Jedes einzelne Rezept in diesem fantastischen Kochbuch lässt einem das Wasser im Mund zusammenlaufen!«

— Isa Chandra Moskovitz, Autorin von »Isa Does It«

Lindsay S. Nixon

Happy Vegan

150 Rezepte zum Abnehmen und Glücklichsein

336 Seiten, geb., € 24,-

Mit einfachen, unkomplizierten Rezepten zeigt Bestseller-Autorin Lindsay S. Nixon, wie simpel, erschwinglich und lecker eine gesunde Ernährung sein kann. In ihrem neuesten Kochbuch präsentiert sie Gerichte für ein gesundes Abnehmen und eine Reihe von genauso einfachen und schnellen Übungen, die zu fantastischen Ergebnissen führen.

Happy Vegan begeistert mit sättigenden und rein pflanzlichen Rezepten voller Geschmack, die sich in 30 Minuten oder weniger zubereiten lassen. Mit leckeren und gesunden Mahlzeiten, die wenig Kalorien haben und garantiert satt machen, wird Abnehmen so leicht wie nie zuvor – ganz ohne Verzicht!

Zusätzlich enthält Happy Vegan für die Figur: leichte Übungen sowie Tipps und Tricks für einen schlankeren und strafferen Körper. Wie schon in ihren vorangegangenen Kochbüchern erteilt Lindsay S. Nixon in Happy Vegan Ölen, Fetten und stark verarbeiteten Lebensmitteln und Diätprodukten, wie z. B. künstlichen Süßstoffen, eine Absage, und befreit damit den Stoffwechsel von unnötigem Ballast.

Terry Hope Romero

Salat Samurai

100 ultimative, besonders herzhafte, schnell zubereitete Salate für die man nicht vegan sein muss, um sie zu lieben

192 Seiten, geb., € 19,80

Terry Hope Romero ist Bestseller-Autorin von Kochbüchern aus New York und hat für ihre kulinarischen Meisterleistungen bereits so manchen Preis abgestaubt. Mit Salat Samurai kehrt sie zurück, um Sie in den Weg des Gemüse-Kriegers einzuweisen. Sie befreit den Salat mit mehr als 100 wunderbaren, sättigenden Hauptspeisen von seinem »Beilagen«-Status und Ruf als langweilige Kummerkost.

Mit deftigen Grundlagen, pikanten Dressings und Unmengen an mordsleckeren Toppings geleitet Sie dieses Buch zu einem wahrhaftigen Salat-Krieger.

Die vielseitigen fleisch- und milchfreien Gerichte bedienen sich vollwertiger und saisonaler Zutaten und bilden, nach Jahreszeiten angeordnet, ein ganzes Jahr voller unvergesslicher Speisen (ja, Salat kann auch den tiefsten Winter aufheizen!).

Salat Samurai macht Schluss mit faden Salaten und steckt voller Energie und Superfoods. Viele der Rezepte sind glutenfrei, haben Rohkost-Optionen und sind für den Job oder Feierabend geeignet. Ein Kochbuch, das Sie den Weg des Salats lehrt: gesundes, verführerisch leckeres Essen, das satt macht.

»Für richtig gute Salate gibt es weit und breit keine bessere Inspiration als Terry Hope Romeros neues Kochbuch Salat Samurai. Ungehemmt und tatendurstig setzt sie ihren anspruchsvollen Gaumen ein, um brillante Salatkombinationen für alle Jahreszeiten auf den Tisch zu bringen.«
– Washington Post

Brendan Brazier

Vegan in Topform – Das Energie-Kochbuch

150 pflanzliche Rezepte für optimale Leistung und Gesundheit

320 Seiten, geb., € 29,-

150 vegane, vollwertige, auf der Grundlage der Thrive-Philosophie entwickelte Rezepte mit hoher Nährstoffdichte: Dieses Kochbuch erweckt die von Brendan Brazier so erfolgreich ausgerufene Ernährungsrevolution zu neuem Leben. Alle Rezepte sind frei von Allergenen (oder enthalten in jedem Fall glutenfreie Optionen). So können Sie Weizen, Hefe, Gluten, Soja, raffinierten Zucker und Milchprodukte auf Wunsch ganz leicht aus Ihrer Ernährung streichen.

Die von erfahrenen Profi-Köchen zusammengestellten Rezepte sind im Handumdrehen zubereitet. Alle steigern spürbar die Leistungsfähigkeit, denn jede einzelne Zutat erfüllt einen auf dieses Ziel gerichteten Zweck. Zusätzliches Plus: Die Gerichte verleihen nicht nur Kraft und Energie, sie vereinen diese Wirkung auch mit köstlichem Geschmack.

Vom basenbildenden, vor pflanzlichen Proteinen nur so strotzenden und die Motivation ungeheuer anheizenden Vanille-Mandel-Mokka-Smoothie bis zur Süßkartoffelsuppe mit geröstetem rotem Paprika – mit diesem Kochbuch werden Sie innerhalb kürzester Zeit in der Lage sein, die köstlichsten und nährstoffreichsten Gerichte der Thrive-Diät selbst zuzubereiten. Sie reduzieren damit den Energieaufwand bei der Verdauung, lassen Müdigkeit und unproduktiven Stress hinter sich und gewinnen lang anhaltende Energie: Thrive-Energie!

Brendan Brazier

Vegan in Topform – Das Kochbuch

200 pflanzliche Rezepte für optimale Leistung und Gesundheit

440 Seiten, geb., € 29,-

Aufbauend auf seine Philosophie Stress reduzierender, gesunder Ernährung, die der Profisportler und Ironman-Triathlet Brendan Brazier in seinem Ernährungsbuch Vegan in Topform vorgestellt hat, richtet er seine Aufmerksamkeit in diesem Buch auf das, was auf dem Teller liegt, beziehungsweise in der Müslischale oder auf dem Lunchtablett. Wo kommt diese Nahrung her? Ist sie gesund? Wie versorgt man sich mit allen Nährstoffen?

In Vegan in Topform – Das Kochbuch belegt Brazier, dass nährstoffreiche pflanzliche Nahrung die beste Art proaktiver Gesundheitsvorsorge und nachhaltigen Umweltschutzes gleichzeitig ist. Aber das ist noch nicht alles. Sein Kochbuch bietet 200 Rezepte für nährstoffreiche Gerichte, die leicht zuzubereiten sind und sich die Kraft von Supernahrungsmitteln wie Maca, Chia, Hanf und Chlorella zunutze machen, ohne auf übliche allergieauslösende Produkte wie Weizen, Hefe, Gluten, Soja, Milchprodukte und Mais zurückzugreifen.

»Das Buch, das Ihr Leben wahrscheinlich mehr verändern wird als jedes andere, das Sie je lesen. Zur Maximierung von Fitness und Vitalität gibt es nichts, was ʼVegan in Topformʼ gleichkommt.«

– Erik Marcus, Herausgeber von Vegan.com